KB089826

예술을 사랑한

신사임당

예술을 사랑한
신사임당

레몬북스
lemon books

사임당의 발자취를 따라가며

늙으신 어머님을 고향에 두고

외로이 서울로 가는 이 마음

이따금 머리 들어 북촌을 바라보니

흰 구름 떠 있는 곳 저녁 산만 푸르네.

(백발이 되신 어머니를 홀로 두고 어쩔 수 없이 서울 시댁으로 돌아가

야 하는 쓸쓸한 이 마음, 대관령 굽이를 돌 때마다 어머니 계신 곳을 바라

보지만 어머니 계신 곳은 아득하고 다만 그곳에는 흰 구름만 외로이 떠

갈 뿐이네.)

강릉은 아주 먼 옛날부터 영동 지방의 중심지였다. 영동과 영서를 갈

라놓는 태백산맥이 북에서 남으로 동해를 끼고 뻗어내려 오다가, 그 한

자락으로 남쪽까지 병풍처럼 둘러버린 곳에 강릉은 자리 잡고 있다. 곧

서쪽의 우람한 대관령과 동쪽의 망망한 동해가 좋은 대조를 이루며 이 고장을 명승지로 만들었다.

그리고 오랜 역사의 전통을 이어온 강릉에서 대표가 될 만한 유서 깊은 곳을 내세우려면 오죽헌(烏竹軒)을 들 것이다. 오죽헌은 신사임당의 고향이다.

또한 역사상 가장 위대한 사상가의 한 사람인 율곡 이이(栗谷 李珥)가 태어난 곳이기도 하다.

신사임당과 이율곡, 그리고 오죽헌.

'사임당(師任堂)'은 이이의 어머니가 스스로 지은 자신의 호였다.

사(師)는 '본받는다'는 뜻으로, 좋은 점을 본받아 사는 것이야말로 나무랄 데가 없는 일이었다.

그리고 '임(任)'은 옛날 중국 주(周)나라 문왕의 어머니 '태임(太任)'을 본받기 위해 본뜬 글자였다. 태임은 중국 역사상 가장 어질고 슬기로운 부인으로 이름이 나 있었다. 문왕은 어머니 태임의 가르침을 받아 백성들에게 좋은 정치를 베푼 왕이었다. 하여 문왕의 어머니 태임의 이름자를 따서 '사임'이라 호를 지었다.

신사임당은 부모에게는 효녀요, 남편에게는 착하고 알뜰한 아내요, 아들딸에게는 어진 어머니였다. 그뿐만 아니라, 경전(經典)에 밝아 학문이 깊고, 시문(詩文)이며 그림과 글씨에 능통한가 하면, 바느질과 수(繡)

놓는 데에도 빼어난 솜씨를 보임으로써 어느 한 구석도 빈틈이 없었다.

그녀가 화폭에 즐겨 담은 것은 이른바 '초충(草蟲, 풀과 벌레)'으로 잠자리·벌·나비·개구리·도마뱀·매미·개똥벌레·쥐·여치 등이었다. 그것은 마치 생동하는 듯한 섬세한 사실화여서 풀벌레 그림을 마당에 내놓아 여름 볕에 말리려 하자, 닭이 와서 살아 있는 풀벌레인 줄 알고 쪼아 먹으려 해 벌레 그린 곳에 구멍을 내놓은 일도 있었다.

사임당으로 하여금 절묘한 경지의 예술세계에 머물게 한 중요한 동기로 내세울 수 있는 것은 환경이라고 할 수 있다. 오죽헌을 중심으로 한 강릉 일대는 온통 그녀의 사연들과 발자취로 수놓아진 것만 같은 고을 땅이었다.

그녀의 친정인 오죽헌은 주위에 검은 대나무가 무성하여 붙여진 이름이다. 이 오죽헌에서 바다 쪽으로 그리 멀지 않은 곳에 관동팔경 중 으뜸으로 꼽히는 경포대가 있다. 그녀는 이곳을 즐겨 찾아 시심을 키우며 정서를 살찌웠을 것이다.

그러나 무엇보다도 중요한 점은 그녀의 예술과 학문에 깊은 영향을 준 외할아버지의 학문이 현명한 어머니를 통해서 사임당에게 전수된 점을 들 수 있겠다.

사임당의 어머니는 무남독녀로 부모의 깊은 사랑을 받으면서 학문을 배웠고, 혼인한 후에도 부모와 함께 친정에서 살았기 때문에 일반 여성들이 겪는 시가에서의 정신적 고통이나 육체적 분주함이 없었다. 그러므로 비교적 자유롭게 소신껏 일상생활과 자녀교육을 행할 수 있었을 것이다.

자상한 어머니로부터 훈도를 받은 명석한 사임당은 천부적 재능을 마음껏 발휘할 수 있었다. 그녀의 남편 또한 아내의 자질을 인정해주고 아내의 말에 귀를 기울이는 도량이 넓은 사나이였다.

산 첩첩 내 고향 여기서 천 리

꿈속에도 오로지 고향 생각뿐

한송정 언덕 위에 외로이 뜬 달

경포대 앞에는 한바탕 바람

갈매기는 모래톱에 헤어졌다 모이고

고깃배는 바다 위를 오고 가겠지

언제쯤 강릉 길 다시 밟아가

색동옷 입고 어머니 곁에서 바느질할꼬.

이 시는 사임당이 서울로 올라와 시댁 살림을 도맡아 하면서 친정어머니를 그리며 지은 〈사친(思親)〉이라는 칠언율시이다. 어머니를 향한 그녀의 애정이 얼마나 깊고 절절한가를 알 수 있으며, 어머니의 세계가 사임당에게 그만큼 영향이 컸다는 것을 보여주기도 한다.

사임당의 작품으로는 〈자리도〉, 〈산수도〉, 〈초충도〉, 〈노안도〉, 〈연로도〉, 〈요안조압도〉와 6폭 초서 병풍 등이 있다.

편저자 씀

차례

제2부 신사임당의 예술세계

제3부 신사임당의 자녀들

제4부 신사임당을 기리며

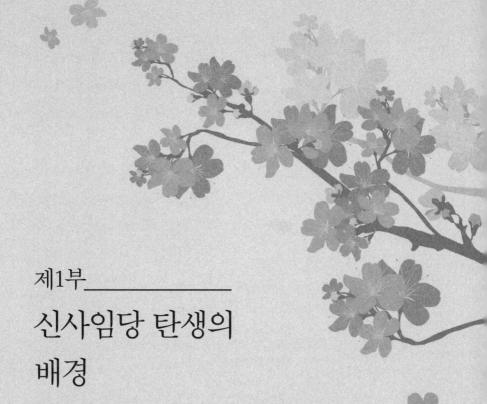

제1부_____
신사임당 탄생의
배경

사임당의 이미지즘

사임당에 관한 책의 유래는 1962년 노산 이은상의 《사임당의 생애와 예술》에서 찾을 수 있다.

신사임당이 한국의 어머니로 우러름을 받는 데에는 율곡 이이 선생의 업적이 큰 부분을 차지한다고 하지만 그 때문에 또한 사임당의 재능과 예술혼, 교육자로서의 이미지가 상당 부분 편협하게 축소되는 것도 사실이다. 그동안 우리는 신사임당을 떠올리는 데 있어서 무엇보다도 '어머니 신사임당'을 먼저 손꼽았으며, 율곡의 어머니이기에 위대하다는 인식을 지니고 있었다.

어쩌면 일각에서는 사임당이 율곡의 어머니로만 기억되기를 바라지는 않았는지 모를 일이다. 이토록 율곡의 어머니라는 사실에만 편중되어 있었기에 우리는 그동안 신사임당의 일면만을 감상하고 있었다는 것이다. 그동안의 시대상이 다만 정숙한 현모양처의 이미지만을 필요로

15

했기에 그 이미지만을 지속적으로 부각시켜 온 것이 아니겠는가 하는 나름대로의 의구심도 아주 지워버리기는 어렵다.

사실 신사임당은 곧 어머니라는 이 강고한 이미지즘은 다른 측면에서의 평가를 원천적으로 봉쇄해왔다. 지금도 많은 사람이 고금의 자료를 열람하면서 놀란 것은 그분의 작품이 일목요연하게 정리되어 있는 것이 없다는 점이었고, 더 놀라운 것은 현대에 이르기까지 그분에 대한 연구 성과 또한 대단히 부족하다는 것이다.

어쩌면 우리 현대인이 지닌 어머니에 대한 단상과 그토록 일치할 수 있을까? 묵묵히 뒤에서 뒷바라지하며 남편을 봉양하고 가사에 묻혀 지내시는 분, 아들의 성공을 바라며 백일기도를 올리거나 치성을 올리는 어머니. 한때 그런 어머니가 현모양처로 통하는 시대가 있었다.

신사임당에 관한 자료를 열람하면서, 그분의 손길이 스쳐 간 글과 그림들을 눈동냥 해보고, 그분의 행장을 찬찬히 다시 회고해보니 '위풍당당함' 바로 그 자체였다.

어지러운 시대에 슬기와 기지로 스스로의 삶을 일구어간 여장부. 여자는 학문을 하지 않는다는 금기를 깨치고 분연히 떨쳐 일어나 스스럼없이 시문을 짓고 그림을 그리는 등의 예술혼을 발휘하는가 하면, 교육자로서의 자질도 유감없이 발휘하여 7남매 모두 훌륭히 길러내는 데 성공하였다.

그런 의미에서 이제 위대한 한국의 여성 인물 신사임당을 어머니라는 그 넓디넓고 오래된 독방에서 해금시켜 햇볕을 쪼여주고, 보다 환한 곳에서 그의 오래된 그림들과 시문들, 후학들의 평가에 이르기까지 고루 들춰내어 역사 속의 당당한 학자·예술가·교육자로서의 관점을 바로잡아야 하지 않나 하는 생각이다.

이제 신사임당이 탄생했던 그 시대로 역사의 시계추를 되돌려보려고 한다.

1500년대, 굴곡의 역사

사임당이 탄생한 해는 1504년이다. 조선이라는 나라가 세워진 지 100여 년의 세월이 흐른 뒤라 어느 정도 국가의 틀이 완성된 후였다. 아직 고려의 흔적이 많이 남아 있어 남귀여가혼(男歸女家婚), 즉 남자가 처가살이를 하는 것이 일상적이거나 아들과 딸을 따로 구분 짓지 않고 상속을 하는 등 보다 개방적인 사회의 모습을 간직하고 있던 시기였다.

그러나 정치적으로는 상당히 불안하고 가슴 아픈 일들이 많이 벌어진 시기였다. 연산군에서 선조에 이르는 이 시기는 권문세가들의 사화와 당파 싸움이 본격화되는 시기로 실로 격동의 세월 한가운데였다. 조선을 세우는 데 혁혁한 공을 세운 공신들은 새로운 세도가로 급부상하였고, 그들에 대한 특혜가 또 다른 사회 병폐로 이어지는 것은 당연한 귀결이었다. 새로운 토지제도와 신분법 등은 왕조의 명운을 걸 만큼 의

욕적인 사업이었지만 결국 당대 최고의 세도가들을 위한 장식품으로 전락하고 만다.

그 격동의 세월의 시작을 알리는 신호탄이 다음과 같은 사화(士禍), 즉 수많은 선비들을 죽음으로 몰아넣는 사건이다.

1498년(연산군 4년)의 무오사화와 1504년의 갑자사화가 그것이다. 이 두 사화는 당대 정계의 얽히고설킨 난맥상을 그대로 보여주는 것이었다.

무오사화는《성종실록》편찬 때 김일손이 사초 중에 김종직의 〈조의 제문(弔義帝文)〉을 올림으로써 이에 관련되었던 사림학자들이 참화를 당하였던 사건이다.

갑자사화의 경우, 연산군이 자신의 어머니인 윤씨의 폐비를 문제 삼아 당시의 두 숙의(淑儀)는 타살을 하였으며, 할머니인 인수대비(仁粹大妃)도 구타, 치사하게 하였다. 또한 어머니 윤씨를 성종의 묘소에 함께 모시려 하였는데, 권달수 · 이행 등이 반대하자 권달수는 참형하고 이행은 귀양을 보냈다.

또한 성종이 윤씨를 폐출하고자 할 때 이에 찬성한 윤필상 · 권주 · 김굉필 · 이주 등을 사형에 처하고, 이미 고인이 된 한명회 · 정창손 · 정여창 · 남효온 등의 명신거유(名臣巨儒)들을 모조리 부관참시(죽은 사람의 대역죄가 밝혀졌을 때 무덤을 파고 시체를 다시 베는 것)하는 엄청난 피의 역사를 자행하였다.

그러나 이 악정은 여기에서 그치는 것이 아니었다. 연산군 시대의 정권은 이미 통제력을 상실한 수레바퀴와 같은 것이었다. 각도에 채홍사(採紅使)·채청사(採靑使) 등을 파견해서 미녀와 좋은 말들을 구해 바치게 하였고, 성균관 유생들을 몰아내고 그곳을 놀이터로 삼는 등 궁궐의 근간을 뒤흔드는 일들이 연이어 일어났다. 왕과 학자들 간의 의사소통 통로인 경연(經筵)을 없애 학문을 마다하였고, 쓴소리를 극도로 싫어한 나머지 사간원(司諫院)까지 폐지해버리고 말았다.

급기야 1506년(중종 1년), 성희안·박원종 등의 중종반정에 의해 왕의 자리에서조차 쫓겨나는 치욕을 당하게 되고, 교동(喬桐: 지금의 강화도)으로 강제 유배되어 간 후에, 연산군으로 강봉(降封)되어 그해에 병으로 죽었다.

그의 일그러진 정치는 개국 100년의 조선 왕조에 찬물을 끼얹는 결과를 초래했다. 이후 50년은 사화(士禍)라는 유혈극이 잇따라 일어나 정국 불안은 끝닿은 데 없었고, 그것은 선조 이후 다시 당파 싸움으로 이어지는 계기를 마련해줌으로써 결국 임진왜란과 병자호란이라는 국난으로 이어져 조선이라는 국가의 운명을 달리하게 하는 결정적인 단초가 되었다.

이와 같은 시대의 소용돌이는 사회는 물론 개인의 삶에도 가치관의 혼란 등 큰 영향을 미쳤을 것이다. 신사임당이 탄생한 1504년은 바로 그

갑자사화가 벌어진 해였다.

뿐만 아니라 유년시절 내내 정치적으로 불안한 정국이었으며, 결혼한 이후에도 당쟁의 소용돌이를 직간접적으로 몸소 겪었다. 그 어려웠던 시대를 온몸으로 부딪치면서, 특히 여성의 몸으로 시대의 질곡을 깨친다는 것이 결코 쉬운 일이 아니다. 오랫동안 정치와 학문으로 다져진 사대부들이 혼란기의 격랑을 넘지 못하고 당쟁의 제물로 바쳐지거나 유배지의 낭인으로 버려지기 일쑤였다.

그 어려운 시기에 은근히 천시되던 여성의 지위를 세상이 떠들썩할 정도로 뒤바꿔 놓았는가 하면, 역사의 뒤안길에 나앉아 있던 여류 학자나 여류 문인, 여류 예술가의 이미지를 단숨에 당당한 반열 위에 올려놓은 인물이 바로 신사임당이다.

난세에 영웅이 난다고 했으니 아마도 그 어려움을 현명함으로 깨쳐냈기에 그 스스로 훌륭한 문인이자 예술인으로 이름을 떨쳤으며 자녀들까지 당대 최고의 학자들로 키워냈을 것이다.

시대적 배경이 그러한즉, 그의 가계는 어떠했는가를 살펴보는 것도 의미가 있을 것이다. 가계도를 그려보는 것이 신사임당을 보다 잘 이해하는 한 밑그림이 되지 않을까?

뿌리 깊은 고고한 학풍

신사임당의 학문과 예술혼은 어디에서부터 연유하는 것일까?

당시의 조선 사회는 철저한 유교사회로 여성 교육은 거의 꿈꿀 수조차 없는 것이었다. 그저 규방규수라 하여 바느질과 자수, 언문 정도를 깨치면 신부수업으로 끝이었던 시절, 학문을 한 신사임당은 대단한 특혜를 입은 것이라고 봐야 한다. 그의 가계로 봐서 아마도 외할아버지 이사온(李思溫)의 학풍을 이어받은 것이 그 첫 번째 배경이 아닐까 하는 생각이다.

시대적 분위기 속에서도 꿋꿋하게 학문을 할 수 있었던 신사임당. 그것은 외할아버지 이사온의 역할을 우선적으로 꼽을 수 있을 것이다. 이는 신사임당의 친정어머니인 이씨 부인이 무남독녀였기 때문에 결혼한 후에도 친정에 머물러 살았다는 점에서 찾아볼 수 있다.

그러므로 신사임당은 출생은 물론 성장기에도 외가에서 머무르며 외할아버지와 부모의 사랑을 독차지하면서 학문적 역량을 차곡차곡 쌓아갈 수 있었을 것으로 보인다.

친가와 외가의 조상들은 다들 당대 최고의 재상들이었다. 고조부는 좌의정, 증조부는 대사성, 조부는 영월군수를 지냈으며, 외고조부는 삼수군수를 지낸 분이었으며, 특히 외할아버지 이사온은 어지러운 세상에 벼슬에 나서지 않은 분이었다.

신사임당의 아버지는 평산(平山) 신씨로 이름은 명화(命和), 자는 계흠(季欽), 호는 송정(松亭)이었고, 고려 태조(太祖)의 충신인 장절공(壯節公) 신숭겸(申崇謙)의 18대손이다. 어머니는 용인(龍仁) 이씨로서 생원(生員) 사온(思溫)의 딸이요, 당대 강릉의 이름난 정치인 참판(參判) 수헌(睡軒) 최응현(崔應賢)의 외손녀였다.

최응현은 강릉의 12향현으로 떠받들어진 분으로 성균관 사성, 충청도 관찰사, 대사헌 등 중앙정계를 고루 거치며 학문과 경륜을 펼친 대학자였다.

최응현의 부친 또한 강릉의 12향현 중 한 분인 조은(釣隱) 최치운(崔致雲) 선생이다. 최치운 선생은 세종대왕의 총애를 받던 분으로 이조참판까지 오르면서 크게 문명을 떨치신 분이다. 이러한 집안 내력은 훗날 위대한 학자의 탄생을 미리 예고하고 있는 것이라고 봐야 한다.

《율곡전서》에는 외할아버지 신명화에 대한 행장이 들어 있다. 율곡 선생이 전하는 신명화는 어떠한지 여기서 되짚어보자.

천성이 순박하고 지조가 굳세어 어려서 글을 읽기 시작할 때부터 선악의 구분을 분명히 하여 스스로를 경계하였으며 장성하자 학문과 행실이 독실하여 예가 아니면 행하지 않았다. 또한 그는 진실하고 정성스러워 꾸밈이 없고 마음이 너그럽고 착한 것을 좋아하여 옛사람들의 풍류를 지니고 있었다.

예나 지금이나 진실은 언젠가 통하는 법이다. 삶에 있어 진솔한, 진지한 사람이라는 평을 얻기란 결코 쉽지 않은 법이다. 아무리 외할아버지라 하더라도 성정이 불같은 사람을 '너그럽고 착한 이'라고 지칭하지는 않았을 터이다.

진솔한 일면을 가진 양반가의 주인으로서 마음이 너그럽고 착하기까지 하다면 너털웃음 자주 터뜨리는 호방한 시대정신의 소유자가 아니었겠는가? 마치 윤선도의 〈어부사시사〉에 '빈 배 저어 오는 사람'이라거나, 김홍도의 그림 속 '소를 타고 가는 노인' 같은 그런 편안함이 불현듯 떠오른다.

진사에 오른 후, 여러 차례 벼슬길에 천거되었으나 스스로 사양하고 그저 학문에만 전념하여 기묘사화의 회오리를 피할 수 있었다는 것은 낙천적인 사람만이 지닐 수 있는 여유다.

스스로의 삶이 그러하니 딸에게의 가르침도 달리 그렇게 과단되지는 않았을 것이다. 스스로의 삶으로 모범을 보이는 교육. 이러한 시스템이야말로 오늘날 지칭하는 전인교육의 가장 근본인 셈이다.

연산군 시절에 신명화가 부친상을 당하게 된다. 그런데 국법으로 3년상을 금하고 단상하라는 것을 고스란히 3년상을 모시면서 그 슬픔을 극진히 다하였다는 것이다. 당시 연산군은 스스로 대비의 단상을 시행하는 등 3년상을 금하는 데 적극적이었다.

숙청의 회오리가 몰아치는 광란의 역사, 어지러운 폭정의 시대에 중앙정계인 정치가들조차도 그 위세에 눌려 3년상을 제대로 치르지 못하였다고 한다. 그런 것을 보면 신 공의 효성은 물론 지조 또한 높았다는 것을 알 수 있다. 신 공의 이러한 효심은 신사임당의 효 정신에 밑거름이 되었을 것이다.

신사임당의 학문적 완성도가 외할아버지와 아버지에 의해 이루어진 것이라면, 예술적 경지의 완성은 어머니 이씨에 의해 이루어졌을 가능성이 높다. 어머니 이씨는 앞서 언급한대로 강릉 최대 명문가 중의 하나인 강릉 최씨 후손으로 오죽헌 외가에서 자랐다.

이사온의 무남독녀로 사랑을 독차지하면서 자란 이씨 부인은 천성이 깨끗하고 행동이 침착했노라고 《율곡전서》에 전하고 있다. 이씨 부인은 나라에서 열녀정각을 세워줄 만큼 부덕이 높았으니 그 행적의 일부가 강릉지역 역사서인《임영지(臨瀛誌)》〈열녀편〉에 기록되어 있다.

이씨 부인은 나면서부터 천성이 깨끗하고 행동이 침착하였다. 남편 신명화의 병을 낫게 하고자 선조의 묘에 배향하고 손가락을 끊어 피를 흘려 넣는 단지를 함으로써 하늘에 그 뜻을 전하니 남편의 병이 낫게 되었다.

신사임당의 이와 같은 가계를 보면 조상대로부터 오래도록 학문에 역량을 쏟은 것으로 보인다. 솔밭이 우거지려면 봄날의 송홧가루가 실해야 하고, 고구마줄기가 뻗어나가려면 들이 넓어야 하는 법이다. 사실 우리 역사상 가장 위대한 학자로 손꼽히는 율곡 이이 선생 또한, 어느 날 갑자기 우연히 이루어진 학문의 위업이 아니라는 것이다.

과학이 그렇고 사람살이가 그렇듯 어느 날 우연히 이루어지는 역사는 없다. 쌓아올려지는 탑도 첫 기단을 제대로 쌓아야 하듯이, 위대한 인물이나 훌륭한 삶들은 누대에 걸쳐 이루어지는 법이다.

이즈음 아이들 잉태에서부터 태교의 중요성을 강조하는 것은 현대 과학이 이와 같은 사실에 주목하기 시작했다는 의미이기도 하다. 태초에 아기가 만들어질 때부터 부모의 유전형질을 그대로 이어받게 되는 이치는 구태여 누구에게 묻지 않아도 알 만한 이야기이다.

그러므로 우리는 신사임당의 고매한 인격 뒤에는 조상들이 지켜온

수백 년 전통의 집안 가풍이 그 근저를 이루고 있다는 사실을 곱씹어봐야 할 것이다.

오죽헌

1963년 1월 21일 보물 제165호로 지정되었다. 정면 3칸, 측면 2칸의 단층 팔작지붕 양식이다. 신사임당의 집으로 조선 중종 때 건축되었다. 한국 주택건축 중에서 가장 오래된 건물에 속한다. 4면을 굵은 댓돌로 한 층 높이고 그 위에 자연석의 초석을 배치하여 네모기둥을 세웠다.

아버지, 신명화(申命和)

우리가 신사임당을 연구하는 데 있어서 무엇보다도 친정아버님 신명화(申命和)에 대하여 자세히 살펴볼 필요가 있다.

신(申) 공의 본관은 평산(平山)이요, 고려 태조(太祖) 때의 건국 충신이던 장절공(壯節公) 숭겸(崇謙)의 18대손이다. 좌의정 개(槩)의 증손자요, 대사성 자승(自繩)의 손자요, 영월군수 숙권(叔權)의 아들로서 자는 계흠(季欽)이며, 호는 송정(松亭)이었다.

특히 그 부친 숙권[여람(輿覽)에는 숙근(叔根)이라 적었음]은 영월군수로 재임했을 적에 매죽루(梅竹樓)라는 누각을 창건했었는데 뒤에 단종(端宗)이 그곳으로 가서 그 다락에 올라 〈두견시(杜鵑詩)〉를 지어 읊은 눈물겨운 사실이 있은 뒤로 그 다락 이름을 '자규루(子規樓)'라 고쳐 부르게 되었던 것이 《영월읍지》에 적혀 있다.

28

신명화는 서울에서 태어났으며, 천성이 순박하고 강직하여 어려서부터 성현의 글을 읽되 매양 선악으로써 자기의 언행을 경계하는 지표로 삼았고, 점차 성장하면서 학문과 인격이 한결 더 높아 동료 사이에서도 지조 굳은 인물로 정평이 나 있었다.

연산군 때에 부친이 별세하자 옛 법을 지켜 삼 년 동안 무덤 앞에 막을 치고 거하니 모든 사람이 그의 효성을 칭송했다.

그 뒤 중종 11년(1516) 41세 때에 진사(進士)에 오르자 당시의 재상이던 윤은보, 남효의 같은 이들이 조정에 높이 천거하고자 했으나, 신명화는 굳이 사양하고 오히려 학문을 연구함으로써만 만족히 여기었다.

더구나 그로부터 3년 뒤 중종 14년(1519)에는 공의 나이 44세인데 때는 바로 이른바 기묘사화(己卯士禍)가 일어나던 해다.

정암 조광조(趙光祖)를 필두로 많은 학자들이 큰 피를 흘릴 적에 신명화는 그들과 같이 불행한 화를 당하지는 않았지만 그 때문에 시국에 상심됨이 더욱 커서 집에 엎디어 울분한 날을 보내며 다만 학문을 연구하는 일에만 전념했던 것이다.

신명화 부인은 용인(龍仁) 이(李)씨, 생원(生員) 사온(思溫)의 무남독녀요, 강릉의 큰 문벌인 참판 최응현(崔應賢)의 외손녀였다.

신 공은 이씨 부인과 결혼하여 아들은 낳지 못하고 딸만 다섯을 낳았는데 그중 둘째 딸이 바로 사임당이다.

첫째 딸은 장인우(張仁友)에게, 둘째는 이원수(李元秀)에게, 셋째는 홍호(洪皓)에게, 넷째는 권화(權和)에게, 다섯째는 이주남(李胄男)에게 각각 출가하였는데, 신명화는 그 다섯 딸을 아들과 같이 근엄하게 양육하여 모두 다 현부인이 되게 했으며, 그중에서도 신사임당은 가장 뛰어나게 현숙하여 우리 역사상 으뜸가는 모범적 부인이 된 것이다.

그런데 이씨 부인과 결혼하여 이같이 다섯 딸을 낳기는 했으나 율곡이 지은 〈외조부 신공 행장(外祖父申公行狀)〉과 〈이씨감천기(李氏感天記)〉 등에 의하면 16년 동안이나 서로 떨어져 살았다고 했다.

그것은 신 공의 집이 서울에 있었고, 부인 이씨의 집은 강릉에 있었는데 이씨가 결혼한 직후에는 서울 시댁으로 왔으나 친정어머니 최씨가 병환으로 고생하시는 소식을 듣고 친정으로 돌아가 친정어머니 수발을 들게 된 것이다. 그러기에 신 공은 서울에서 자기 어머님(홍(洪)씨)를 모시고 살고, 부인은 강릉에서 역시 친정어머님을 모시고 살았으며, 신 공이 간간이 강릉 처가로 내왕했던 것이 무릇 16년 동안이었다는 것이다.

그러므로 신사임당이 난 뒤에도 부모인 신 공 내외는 역시 별거하다시피 했던 것이다.

기묘사화가 지난 지 2년 뒤 신명화의 나이 46세(1521) 되던 해에 강릉 북평 처가에서는 부인 이씨의 어머님 최씨가 세상을 떠났는데 신 공은 이때 마침 서울에서 강릉으로 내려가는 길이었다. 여주(驪州)에 이르러 장모의 부음을 듣고 비창한 생각이 가슴을 치밀어 음식을 먹지 못하고 마침내 그로 인하여 큰 병을 얻어 강릉 처가에 이르러서는 위급한 상태에까지 빠졌던 것이다.

그랬다가 부인 이씨의 지극한 정성으로 회생은 했으나 끝내 건강을 완전히 회복하지는 못하더니 그 이듬해인 중종 17년(1522)에 둘째 딸 신사임당을 이원수에게 출가시키고 나서 몇 달이 채 지나지 않은 11월 7일, 서울 본가에서 별세하니 향년 47세였다. 공의 무덤은 처음에 지평(砥平) 적두산(赤頭山) 기슭에 묻었다가 뒤에 다시 강릉 조산(助山)으로 옮겨 묻었다.

신명화는 생전에 공정하고 엄격한 성격을 가졌다. 신 공의 장인 되는 이사온(李思溫)과의 이야기로 이런 것이 전한다.

어느 날 공의 장인이 어떤 친구와 만나기로 약속하고 마침 무슨 일로 못 가게 되어 공을 불러 '병으로 못 간다'는 뜻으로 편지를 쓰라고 했으나 공은 도리어 정색하고 강경히 거절했던 것이다.

한편 신명화와 이씨 부인 사이에는 딸만 다섯이 있었는데 신사임당은 바로 그 둘째 딸이었으며, 이씨 부인이 그들을 모두 거느리고 규율 있게 훈육하므로 온 고을에서 높은 칭찬을 들었다.

신명화가 일찍 강릉으로 가서 부인 이씨에게 함께 한성(漢城)으로 올라가자고 했을 때 이씨는 울며 이렇게 말했다고 한다.

"한 번 출가한 몸이 어찌 분부를 어길 수 있으오리까마는 이제 친정 부모가 모두 늙으셨고, 집안에 돌보아드릴 이 아무도 없으니 무남독녀인 저마저 떠나고 나면 부모님께서 하루아침에 어느 누구에게 의탁할 수 있겠습니까? 더구나 어머님께서는 오랜 병환에 계시므로 끊임없이 약을 달이는데 어찌 차마 이대로 두고 떠난다 하오리까? 이제 한 마디 의논하고 싶은 말씀은 우리 부득이 나뉘어 있어 서로 각각 어버이를 모시는 것이 어떠하냐는 것입니다."

이 말을 들은 신 공도 그 말과 정성에 감격하여 이씨의 말을 따르기로 한다.

그래서 그들은 자식은 비록 다섯이나 낳았어도 행복한 생활을 같이 하지 못하고 율곡의 기록대로 무려 16년 동안이나 서울과 강릉에 서로 떨어져 살았던 것이다.

그러므로 신사임당이 19세에 출가하자 아버지 신 공이 그해에 별세한 만큼 신사임당은 강릉 북평 어머님 이씨 부인의 친정에서 탄생한 그대로 아버지의 교훈보다는 오히려 어머님 이씨의 교훈 아래 자랐다고 볼 수 있다.

그동안에 서울에 있는 부군 신명화는 41세 때 진사 시험에 합격하고, 44세 때 기묘사화로 많은 학자들이 피 흘렸는데 자신은 벼슬에 나서지 않고 오직 학문만 닦고 있었으므로 화를 면했던 것이다.

신 공이 46세, 부인이 42세 되는 중종 16년 봄에 부인의 어머님 최씨가 마침내 세상을 떠나 효녀인 부인의 슬픔은 형언할 길이 없었다.

이때 신 공은 앞서 언급한 바대로 강릉에서 장모가 별세한 소식은 아직 듣지 못하고 서울을 출발하여 강릉 처가로 내려가는 길이었는데 여주에 이르러서 장모 최씨의 부음을 듣고 너무도 충격을 받은 나머지 여행 도중에 음식도 못 먹고 잠도 못 자고 하다가 마침내 두뇌 후부에 냉기가 생겨 횡성(橫城)을 거쳐 운교역(雲交驛)에 다다라서는 아주 병이 짙어져서 귀가 먹고 열도 높아졌다.

진부역(珍富驛) 창두 내은산에 이르러서는 모두들 머무르기를 권했으나 신 공은 그럴수록 급히 가는 것만 못하다 하고 병을 이겨가며 억지로 횡계역까지 갔으나 병은 점점 더 심하여 목으로 피까지 토하는 것이었다.

이때 강릉 사람 김순효(金舜孝)란 이가 그것을 보고 급히 북평(北平, 지금의 오죽헌) 집에 있는 부인 이씨에게로 기별을 하자 이씨는 하늘이 무너지는 것 같았다. 그래서 이씨 부인은 신사임당 등 여러 딸과 외사촌 동생 최수몽(崔壽夢) 등을 데리고 도중으로 마중을 나갔다.

신 공은 구산역(丘山驛)에 당도해서는 누운 채 일어나지 못했는데 억지로 떠메어 강릉 경내 조산(助山)에 있는 최씨의 재실(齋室)로 들어갔다. 이때 신 공은 가족들을 만나게 되는데 얼굴은 검어지고 피를 연방 토하며 말조차 못하는 것이었다.

병이 이미 시기를 놓쳐서 온갖 약을 다 써도 효력이 없고, 신 공의 병은 완전히 절망 상태로 빠지고 말았다. 이씨 부인은 어머님을 잃어버린 슬픔도 아직 채 가시지 않았는데 부군마저 이렇게 되니 천지가 캄캄할 따름이었다.

이제는 하늘에 대고 천지신명께 기도를 드리는 길밖에 없었다. 그래서 부인은 7일 밤낮을 눈 한 번 붙이지 않고 정화수를 떠 놓고 빌었다. 그래도 보람이 없으매 다시 일어나 목욕하고 손발톱을 깎고 남 몰래 조그마한 장도(掌刀)를 지니고 외증조부 최치운(崔致雲)의 무덤 뒷산으로 올라가 제단을 쌓고 향불을 피우고 소리쳐 울며 하늘에 빌었다.

율곡은 그의 〈이씨감천기(李氏感天記)〉에 그때 외조모 이씨의 기도 내용을 이렇게 적었다.

하느님 하느님! 착한 이에게 복을 주고 악한 자에게 화를 내리심은 하늘의 이치이옵니다. 그리고 선행을 쌓고 악행을 거듭하는 건 사람의 일이옵니다. 이제 제 남편은 지조를 지켜왔고 사특한 행동이 없었사오며 모든 행실에 흉악한 점은 하나도 없었사옵니다. 그리고 또 아버지를 여의고서는 무덤 곁에 막을 치고 삼 년을 거하며 나물만 먹으면서 효성을 다했사옵니다.

하늘이 만일 알음이 계시다면 응당 모든 선악을 살피실 터이온데 이제 어찌하여 이같이 지극한 화를 내리시옵니까. 저 또한 남편과 더불어 각각 그 어버이를 봉양하느라고 서울과 시골에 서로 나뉘어 16년 동안이나 지 냈사옵니다. 제 한 몸이 이제 막 어머님을 여의었사온데 또 이같이 남편의 병조차 위독하오니 외로운 몸이 장차 어디에 의탁한다 하오리까.

원하옵건대 하늘과 사람이 한 이치 속이라 조금도 틈이 없사온즉 하느 님이시여! 이 사정을 굽어 살피시옵소서.

이같이 기도를 끝내고 내려오다가 최치운(외증조부)의 무덤 앞에 가 엎드려 절하고 다시 빌었다.

"살아서 어진 신하였으매 죽어서 맑은 영혼이 되었사오리다. 하느님 께 아뢰시어 저의 정곡을 통달하게 해주소서."

그리고 집 안으로 돌아 내려와서 조금도 다른 빛을 보이지 않았음은 혹시 신 공이 알까 해서다. 이때에 시절이 마침 가물었는데 얼마쯤 있다 가 검은 구름이 모여들고 우레와 번개가 치며 비가 쏟아졌다.

이튿날 아침이었다. 둘째 딸(곧 사임당, 당시 18세)이 아버지의 병석 곁 에 지켜 앉았다가 잠깐 조는 동안에 꿈을 꾸니 하늘에서 대추알만 한 약 이 내려오는데 어디서 신인(神人) 한 분이 나타나더니 그 약을 가져다가 아버지의 입에다 넣어주는 것이었다.

그때 신 공은 눈을 감은 채 가느다란 목소리로 "내일이면 내 병이 나 을 게다." 하고 혼잣말을 하므로 곁에 앉았던 최수몽(이씨 부인의 외사촌 동생)이 "그건 어떻게 아는 것이냐?"고 억지로 물었더니 신 공은 또다시 의식도 없으면서 "이제 막 신인(神人)이 가르쳐주고 갔다." 하는 것이었다.

그러더니 과연 신 공의 병은 거짓말과도 같이 씻은 듯이 나았다. 그래서 훗날 온 고을이 '부인의 지성으로 하늘이 감동한 것'이라고 칭송했으며, 그 사정이 조정에까지 알려지면서 마침내 이씨 부인을 표창하는 열녀정각까지 세우니 때는 중종 23년(1528)으로 부인의 나이 49세, 사임당의 나이 25세 되는 해였다. 그런데 그렇게 기적적으로 소생해 일어났던 신 공은 바로 그 이듬해에 세상을 떠났기 때문에 부인의 정각이 서던 해는 이미 신 공이 죽은 지 6년이 지난 시점이었던 것이다.

이 이야기는 《율곡선생문집》 권십사(卷十四)에 있는 〈이씨감천기〉에 수록된 것인데 그 기록은 율곡이 18세 되던 해 명종(明宗) 8년(1553)에 쓴 것이니 외조모 이씨 부인의 74세 되던 해요 어머님 사임당이 별세한 지 2년 뒤였다.

이씨 부인은 이사온(李思溫)의 집 외동딸로 태어나서 자기 자신은 수명이 길어 오래 살긴 했으나 그러자니 무상한 세상에서 부모와 남편을 먼저 보내는 슬픔뿐만 아니라 사랑하는 딸 신사임당까지 앞서 보내는 아픔을 겪지 않으면 안 되었다.

그러나 다시 한편으로 한 가지 즐겁고 위로 되는 사실은 신사임당 대신 외손자 율곡이 있어서 일국의 뛰어난 인물이 되었는데 그러한 외손자로부터 효성을 받는 것이었다.

율곡은 어머님 신사임당과 함께 외할머니 이씨 부인을 극진히 위하고 모셨던 것으로 전해진다. 외로이 계시는 늙은 외조모님이라 특별히 봉양하기에 게으르지 않았던 것이다.

율곡 연보에 의하면 20세 때(외할머니 이씨 부인 76세)에는 11월에 이조좌랑(吏曹左郎)에 임명되었으나 외할머니의 병환 소식을 듣고 벼슬을 버리고 강릉으로 가기까지 하였다. 그러자 그때 탄원 기관인 간원(諫院)에서는 "외할머니의 봉양은 우리나라 법전에 없는 일이므로 직무를 함부로 버리고 가는 것은 용서할 수 없는 죄"라고 하면서 임금께 파직을 청했던 사실까지 있었다.

그러나 선조(宣祖)는 "비록 외할머니일망정 정이 간절하면 어찌 가 뵈옵지 않을 수가 있겠는가. 효행에 관계된 일로 파직까지 한다는 것은 좀 지나치다." 하고 이를 물리쳤다는 것이다.

그리고 그 다음 해 선조 2년(1569) 34세(외할머니 90세 되던 해) 6월까지 외할머니를 모시고 같이 있다가 서울로부터 교리(校理)에 임명되어 불려 올라왔다. 8월에 외할머니 봉양을 위해서 상소했으나 허락되지 않았고, 다시 10월에 선조의 특별한 배려로 사가(賜暇)를 받아 강릉에 갔다가 마침내 그해 12월 8일에 외할머니 이씨 부인이 90세로 세상을 떠나니 부군 신 공이 별세한 지 47년이나 지난 후였다.

이씨 부인의 무덤은 강릉 조산(助山)에 묻힌 부군 신 공의 무덤에 합장하였으며 외조부모 두 분의 제사는 율곡이 모셨다.

외조모 이씨가 별세한 이듬해에 지은 〈외조모 이씨를 제사하는 글〉에는 율곡의 진실한 슬픈 정이 전면에 넘쳐흐른다. 그중 한 구절을 인용해본다.

어버이 못 모신 슬픔을 안고
오직 한 분 할머님을 받들었는데
자나 깨나 가슴속에 계시옵더니
이제 마저 또 저를 버리십니까.

신사임당의 탄생

신사임당이 태어난 해는 정확히 연산 10년 갑자(甲子, 1504)년 음력 10월 29일이며, 태어난 곳은 강릉 북평마을이었다. 일찍이 사임당의 외할아버지 이사온(李思溫)이 강릉 북평에 자리를 잡았기 때문에 어머님 이씨가 거기서 자랐고, 또 무남독녀였기에 신명화(申命和)에게 출가하고도 친정에 눌러 있어 그 때문에 사임당도 외가인 북평, 즉 오늘의 오죽헌에서 탄생했던 것이다.

신사임당이 나고 자란 강릉은 어떠한 역사적 배경을 지녔는지 살펴보자면 다음과 같다.

강릉은 원래 삼국시대 이전에 이미 예국(濊國)의 수도였으며 신라시대에는 9주 5소경 중 9주의 하나인 하슬라주였던만큼, 수천 년 역사가 지역마다, 마을마다 스며 있는 영동문화의 중심지였다.

강릉의 진산이라 할 수 있는 대관령이 병풍처럼 에둘렀고 바다가 길게 삶의 터전으로 자리한지라 오랜 선사시대부터 사람들의 세거지(世居地)로 사랑받은 지방이다.

특히 신라시대 화랑유적이 아직까지 많이 남아 있고, 고려와 조선의 많은 문인들이 경포대와 강릉에 관한 많은 시문과 기사를 남길 만큼 빼어난 명승지요, 경치와 인심이 아름다운 고장이었던 것이다.

앞에서 언급했듯이 아버지 신명화와 어머니 이씨 사이에서 난 아이로는 아들은 한 명도 없고 오로지 딸만 다섯이었는데 사임당은 그중 둘째로 태어나게 된다.

유서 깊은 땅이어서 그런 것인지, 워낙에 뛰어난 가문이어서 그런지, 혹은 태교를 잘해서 그런 것인지 사임당은 나면서부터 출중했던 것으로 보인다. 워낙에 용모도 수려하고 성정이 비단결이라 부모의 특별한 사랑을 받았고, 나면서부터의 재주가 남달리 비상했기 때문에 당대에 여자로서 배워야 하는 바느질이나 자수는 물론이요, 글과 글씨, 그림과 학문과 예술에 이르기까지 눈부신 천재적 기질을 유감없이 발휘했던 것이다.

여자로서 학문을 하는 풍경

신사임당의 타고난 천재적 소질에 기인한 것이겠지만 아들 없는 집 딸이었기에 학문을 할 수 있는 분위기가 자연스레 형성된 것으로 보인다. 그러나 당시의 시대적 상황으로 볼 때 아무 집안에서나 여자아이에게 깊이 있는 학문을 하도록 배려하지는 않았을 것이다. 당대 사회 분위기로 봐서 여성에게 그저 글을 깨우치는 정도나 혹은 대강 편지글을 써 보낼 정도로 공부를 가르치면 족한 것으로 여겼다.

그럼에도 불구하고 신사임당이 학문에 깊은 조예를 갖추게 된 것은 어떻게 받아들여야 할까? 아마도 우선적으로 꼽을 수 있는 것은 신사임당 스스로 남다른 학문적 소양을 갖추고 있었다는 것이다. 배우고 익히는 것에 유달리 남다른 재주를 보였을 터이고 부모들은 이를 귀엽게 여겼을 것은 자명한 이치이다.

다음으로 생각할 수 있는 것은 부모나 외할아버지의 남다른 식견이다. 아이가 아무리 책에 관심을 보인다고 해도 부모가 그저 참한 규방 규수로 만들 요량으로 가사일에만 전념토록 했다면 학문하는 신사임당 은 기대하기 어려웠을 것이다. 아는 만큼 느끼고, 생각하는 만큼 보인 다고 했다.

그런 의미에서 부모나 외조부모의 경우 그 시대에 이미 여성의 사회 진출에 관심을 기울인 선각자요, 지식인이라 해야 할 것이다. 아이 교육 의 7할은 부모의 책임이라 했다. 아니 9할 가까이가 부모의 평소 몸가짐 에 영향을 받는 것이고 나머지 1할은 아마도 유전적 영향이나 주변 영 향 탓으로 돌릴 수 있을 것이다.

아이의 성정이 비뚤어져 있다거나 아이가 공부에 관심이 부족하다거 나 대인관계가 원만하지 못하다면 먼저 부모 스스로 자신의 삶을 되돌 아볼 일이다. 대숲 속에서 매실을 기대하기 어렵듯, 부모 스스로 공부하 는 모범을 보이지 않는 한 자식에게서 대단한 학문적 성과를 기대하기 는 어렵다. 아주 평범한 진리인 '콩 심은 데 콩 나고, 팥 심은 데 팥 난다' 는 농부의 마음을 헤아린다면 우리 아이들을 위해 부모들이 어떤 역할 을 해야 하는가에 대한 해답은 쉽게 찾을 수 있을 것이다.

어머니에서
딸에게로 이어지는 학풍

원래 신사임당의 어머니 이씨는 무남독녀 외동딸로 자라면서 그 아버지 사온에게서 특별한 총애를 받아 학문을 배운 현명한 여성이었다. 그러하기에 신사임당은 누구보다도 그 어머님에게서 어릴 때부터 양질의 깊이 있는 교육을 받을 수 있었던 것이다.

어릴 때부터 어머니께서 공부하고 시문을 짓는 모습을 보며 자란다는 것은 당시로서는 얼마나 행복하고 아름다운 일이었는가?

또한 당시의 시대와는 달리 그런 일이 자연스럽게 받아들여지는 집안 가풍은 또 얼마나 고매한 매화향 같은 일인가 말이다. 시대가 다르고 세상이 바뀌어도 변하지 않는 것이 있다. 그것은 자식이 부모를 닮는다는 평범하고도 자연스러운 자연의 순리이다.

제2부_____
신사임당의 예술세계

안견의 〈몽유도원도〉를
교과서 삼아

신사임당이 산수화를 그리게 된 것은 일곱 살 때부터의 일이라 한다. 일곱 살이면 오늘날 초등학교를 들어갈 무렵의 일이다. 이때부터 산수화를 그렸다는 것은 그야말로 굉장한 일이다. 아마도 어릴 때부터 시문뿐만 아니라 그림도 익숙하게 봐 왔다는 것을 의미한다.

그것은 그야말로 집안에서 신사임당을 전폭적으로 지원한 것이라고 봐도 무관할 터이다. 신사임당은 이때부터 세종(世宗) 때의 화가 안견(安堅)의 산수화를 놓고 그것을 교과서 삼아 그림 그리기를 시작했다는 것이다.

안견은 조선시대 최고의 화가였던 김홍도 · 신윤복보다 앞선 당대 최초, 최대 화원이었다. 조선 초기 산수화에 강력한 영향력을 끼쳤던 안견은 그의 명성에 걸맞게 그를 추종하는 화가들에 의해 안견과 화풍이 형성되었을 만큼 대단했다.

안견은 원래 세종의 셋째 아들이며 명필로 이름난 안평대군의 절대적

47

인 지지를 받으며 당대 문화계의 거장으로 자리매김을 했다. 독자적인 화풍을 형성하며 조선 초기 산수화의 절정을 이룬 안견의 〈몽유도원도〉는 오늘날까지도 명화로 손꼽히고 있을 정도이다.

그러므로 당시 산수화를 그리기 위해서는 교과서 격인 그림이 안견의 그림이었을 것이다. 그러나 안견의 그림이 대단한 가치가 있는 것으로 여겨지던 당대에 그의 그림을 쉽사리 구하기는 어려웠을 것이다. 더구나 강원도 강릉땅에서 그 그림을, 그것도 일곱 살 난 여자아이가 손에 넣기는 만만치 않았을 것이다.

그럼에도 불구하고 안견의 그림을 놓고 그림 공부를 했다는 것은 부모들이 얼마나 자녀교육에 관심과 애정을 기울였는가를 알 수 있는 대목이다. 신사임당이 산수화를 그리면서 스스로의 예술세계에 첫눈을 뜬 것으로 생각된다.

신사임당의 수묵 산수화 작품들 중에 〈달 아래 외로운 배(月下孤舟圖)〉 같은 것을 보면 안견 화풍의 가늘고 뾰족한 붓이 끌듯이 이어가는 필묵법을 그 바탕에서 느낄 수 있다. 또한 단순히 안견 화풍에 머문 것이 아니라 신사임당 특유의 미술 세계를 보여주는 양식들도 살펴볼 수 있어 살아 있는 예술혼을 느낄 수 있다는 것이다.

오죽헌 뜨락의
자연을 소재로

신사임당의 예술세계는 여기서 한 걸음 더 나아가 한국적 예술세계의 백미를 보여주는 것이 있는데, 그것이 바로 초충도(草蟲圖)이다. 풀과 벌레를 그린 그림들인 것이다. 그중에 포도 그림은 이미 수많은 전문가들에 의해 입에 침이 마르도록 칭찬된 당대 최고의 걸작이다.

신사임당의 절묘한 솜씨로 오늘날까지 그 신비로움을 더하고 있는 것이 앞서 말한 초충도이다. 부드러우면서 깊이가 느껴지는 색감과 회화정신이 살아 숨 쉬는 절묘한 솜씨의 풀벌레 그림들, 즉 벌, 나비, 잠자리 등과 함께 어울린 가지, 원추리 등의 초충도는 볼수록 빠져드는 묘한 매력이 풍겨난다.

초충도 그림은 마당의 닭이 그림을 보고 달려들어 쪼아댔을 정도로 사실적이고 정교한 것으로, 그 예술세계가 가히 어떠했는가를 미루어 짐작해볼 수 있겠다. 그 그림들의 배경은 사실 모두 오죽헌의 뜨락이라고 보면 맞을 것이다.

오죽헌 주변은 지금도 청정지역으로 유명하다.

메뚜기나 여치가 여전히 많고 가을이면 고추잠자리가 높이 난다. 봄이면 벌과 나비가 백일홍이나 모란 꽃 이파리 위를 여전히 너울댄다. 신사임당은 오죽헌 뜨락을 오가며 그렇게 시문을 짓고 그림을 그리며 자연을 벗 삼아 부모님의 사랑을 듬뿍 받으며 행복한 어린 시절을 보냈다.

신사임당은 어머니로부터만 교육을 받은 것은 아니다. 율곡이 지은 〈외조모이씨감천기(外祖母李氏感天記)〉에 의하면 사임당의 부모는 제각각 서울과 강릉에서 16년 동안이나 서로 떨어져 살았던 것으로 묘사되고 있다. 그래서 아버지는 자주 강릉으로 왕래했던 것으로 기록하고 있다.

아버지 신명화가 진사(進士)에 오른 것은 신사임당이 13세(신 공은 41세) 때의 일이다. 신명화는 내외척의 관계로 볼 때 충분히 벼슬길에 나아갈 수 있을 법한데 벼슬길에는 실제로 출사하지 않음으로 중종 14년(1519) 기묘사화의 회오리바람을 비켜 갈 수 있었다.

초충도(草蟲圖) **| 조선, 전 신사임당**(傳 申師任堂)

종이에 채색 32.8x28.0cm, 국립중앙박물관 소장

사임당, 열아홉 살에
꽃가마를 타다

신사임당은 학문에도 조예가 깊고 시문과 글씨에도 탁월한 재주를 보였다.

신사임당은 열아홉이 되는 1522년, 중종 17년에 이르러서야 꽃가마에 오르게 되었다. 물론 지금 시절에는 열아홉이면 너무나 이른 나이이지만 당시에는 오히려 늦은 쪽에 속하는 편이었다.

신사임당과 백년가약을 맺은 사람은 덕수(德水) 이(李)씨 원수(元秀) 공이다. 이원수는 이순신 장군과 같은 종중의 사람으로 먼 친척이 되는 분이다. 이 공의 시조는 고려시대 중랑장(中郎將)을 지낸 돈수(敦守)라는 분으로 고려시대 무관으로 이름을 떨친 집안이요, 조선시대에 이르러서는 초기와 중기에 문관으로 이름을 떨친 이들이 많은 집안이었다. 이원수는 그중 12대손에 해당하며 아버지는 일찍 돌아가시고 홀어머니 슬하에서 자랐다고 한다.

신사임당이 이같이 출가를 했지만 바로 시댁으로 갈 만한 형편이 못되었다. 사임당 집안은 딸만 다섯이었으나 집안에서 가장 지혜롭고 학문적 경지가 높은 신사임당을 아버지 신명화 공은 쉽게 집안 살림이나 하는 아낙으로 전락시키고 싶지는 않았던 것이다. 그리하여 결혼한 후에도 친정에 머무르게 되는데, 이것 또한 당시 사회에서 쉽게 용인되는 현상의 하나였다.

여성들이 규방에 갇히게 된 것은 아마도 임진왜란 이후가 아닐까 하는 생각이다. 물론 조선시대는 유교의 덕목을 중시하는 시대로 여성의 사회활동 등은 엄격히 제한되었다. 그러나 아직 외가 중심의 가치관은 변하지 않아 세종대왕의 경우 우리 왕실에서만이라도 신혼살림을 신부가 아닌 신랑 집에서 나도록 하는, 즉 '시집을 보낸다'는 개념을 도입하자고 역설한다.

이로 보아 당시에도 처가살이하는 선비가 많았거나, 적어도 상당히 많은 수가 되었다는 것을 알 수 있다. 신사임당의 경우엔 아들이 없는 집안이고 보면 그대로 친정에 두어 아들 역할을 하도록 하는 것도 당시 사회적 분위기에 맞아떨어지는 일이었을 것이다.

율곡이 지은 〈어머님행장(行狀)〉에 의하면 사임당의 친정 부친 신(申) 진사가 사위 되는 이(李) 공에게 "내가 여러 딸을 두었지만 네 처만은 내

곁에서 떠나게 할 수가 없다."고까지 했다는 것을 보면 신명화는 신사임당을 그중에 가장 아꼈을 뿐만 아니라, 학문과 예술을 사랑했던 것으로 보인다. 또한 그 능력을 높이 사서 결혼을 한 이후에도 더 많은 공부를 할 수 있도록 배려해준 것이라 하겠다.

사임당의 부군,
이원수(李元秀)

우리는 다시 여기서 신사임당의 부군 이원수(李元秀)의 행적을 살펴보지 않을 수 없다. 무릇 남자에게 끼치는 부인의 영향도 막대하거니와 부인에게 미치는 남편의 영향은 현대에 있어서도 말할 것도 없거늘 하물며 옛날 일이랴.

이원수의 본관은 덕수(德水)요, 멀리 고려시대 중랑장 돈수(敦守)로부터 헤아려 12대손이요, 천(蔵)의 아들인데 연산(燕山) 7년(1501)에 나니 처음 이름은 난수(蘭秀)였다가 뒤에 원수(元秀)로 고쳤고, 자는 덕형(德亨)이라 불렀다.

충무공 이순신(李舜臣)도 같은 조상의 덕수(德水) 이씨이나 일찍 제4대에서부터 지파가 서로 나뉘었으므로 두 분이 같은 12대인 형제 항렬이기는 하나 촌수로는 실제 18촌이나 된다. 그러므로 이원수의 아들 율곡과 충무공 사이는 서로 19촌 숙질 항렬이 되는 것이다.

이원수의 아버지 천(蕆)은 일찍 성종 14년(1483)에 나서 연산군 12년 (1506)에 24세로 운명을 달리한지라 이원수는 6세 때 아버지를 잃고 독자로 자랐다. 평산 신씨 진사(進士) 명화(命和) 공 문중의 신사임당에게 장가들어 모든 학문을 오히려 그 부인에게서 듣고 배워 깨달음이 많았던 것이다.

그러다 50세 되던 해에 가문의 음덕으로 수운판관(水運判官, 세곡을 실어 올리는 운수 사무를 맡아보는 종5품의 벼슬)이 되어 다음 해 51세 되던 해 여름에 큰아들 선(璿)과 셋째 아들 이(珥, 율곡)를 대동하고 관서(평안도) 지방으로 내려갔다가 배에다 세곡을 싣고 5월 17일에 서울 서강(西江)에 와 닿자, 바로 그날 새벽에 삼청동 자택에서 부인 사임당 신씨(이때 48세)가 별세했다는 소식을 듣고 부자가 모두 같이 애통 호곡하였다고 전한다.

부인이 별세한 뒤에도 공은 10년을 더 생존해 있었는데 그동안에 벼슬은 내섬시(內贍寺) 종부시(宗簿寺) 등의 주부(主簿)도 지냈고, 또 사헌부(司憲府) 감찰(監察)도 역임하였으며, 마침내 명종 16년(1561) 5월 14일에 세상을 마치니 바로 61세 회갑 되던 해였다. 그해 9월에 파주 두문리 자운산 기슭에 먼저 돌아가 묻힌 부인 신사임당의 무덤에 같이 합장되었다.

이원수는 일찍이 학문에는 그다지 깊은 조예가 없었다고 하나, 천성이 진솔하여 남의 나라 문화를 숭상하지 않았고, 세상 물욕이 없어 오직 후덕한 마음씨로써 유유하고 즐거이 살았다고 한다. 이원수의 묘지명을 지은 청송(聽松) 성수침(成守琛)은 "자못 옛 어른의 풍도가 있었다."고 찬양했다.

또 뒷날 백여 년 뒤에 우암(尤菴) 송시열(宋時烈)도 공이 신사임당 같은 어진 부인을 만나 율곡 선생 같은 큰 현인을 낳은 것은 그야말로 저 이른 바 '좋은 술은 질그릇에 담지 않는다'는 말 그대로라 하여 공의 숨은 덕이 능히 저 어진 부인과 짝할 수 있었음을 칭송했다.

아버지의 3년상

신사임당은 결혼한 이후에도 그대로 친정에 머물렀다. 그런데 신사임당의 든든한 후원자인 아버지 신명화가 그해 초겨울에 세상을 떴다. 결혼한 지 몇 달도 채 지나지 않은 11월 7일, 47세의 그리 많지 않은 나이로 서울 집에서 세상을 떠났다.

신사임당에게는 마른하늘에 날벼락 같은 일이었다. 깊은 슬픔에 빠진 사임당은 강릉에서 3년상을 고스란히 치르게 된다. 아들도 아닌 딸이, 그것도 신혼 초에 3년상례를 치른다는 것은 그리 흔치 않은 일이었다. 아니 출가한 딸이 친정아버지의 3년상을 치른다는 것 자체가 그리 흔한 일은 아닐 것이다. 그러나 신사임당은 꿋꿋하게 3년상을 치르며 강릉 친정집을 지키게 된다.

홀어머니가 된 이씨 부인을 극진히 받들고 위로하며 아버지 잃은 슬픔을 함께 나누면서 3년상을 치른 신사임당은 3년이 지난 다음에야, 서울에 계신 시어머니 홍(洪)씨 부인께 신혼례를 드렸다고 율곡 선생은 〈어머님행장〉에 기록해두었다.

이같이 신사임당은 친정 부친의 3년상을 벗은 21세에 서울 시댁으로 올라오기는 했으나 그대로 서울에 눌러산 것은 아니었다.

서울에서 서쪽으로 50킬로미터쯤 떨어진 파주(坡州) 율곡리(栗谷里)에서 살게 된다. 이곳은 시댁의 선조대로부터 내려오는 오랜 터전이요, 또 세거지였기 때문에 뒷날 율곡도 늘 그곳에서 기거하였고, 그래서 별호조차 '율곡'이라고 부르게 된 것이거니와 그 이전에 이미 신사임당도 그곳에 가서 기거하기도 했던 것이다.

그런 의미에서 신사임당은 시댁으로부터 상대적으로 자유로웠던 것으로 보인다. 서울 시댁에 들어가 산 것도 아니고 파주 율곡리에서 별도로 기거했을 뿐만 아니라, 강릉 친정에도 자주 내려가 기거했던 것이다. 그러하기에 예술이나 학문 활동에도 어느 정도 전념할 수 있었던 것으로 풀이된다.

신사임당은 친정어머니 이씨에 대한 사랑이 남달리 두터웠던 것으로 보인다. 그리하여 결혼한 후에도 강릉땅을 보며 눈물짓거나 혹은 강릉에 내려와 살기도 했던 것이다. 이는 어릴 때부터 남달리 많은 사랑을 받았기 때문일 것이기도 하겠지만 신사임당의 효심이 그 누구보다도 깊었기 때문이라 해야 할 것이다. 이는 물론 그의 어머니에게서 이어 받은 천성임이 분명하다.

그동안에 강릉 친정에 계신 어머님(이씨 부인)에 대해서는 강릉에 그의 열녀정각(烈女旌閣)이 세워진 일이 있었던 것이 이를 입증하고 있다.

《동국여지승람(東國輿地勝覽)》〈강릉조(江陵條)〉와 《임영지(臨瀛誌)》 등에 나오는 신사임당의 어머니 이씨 부인에 대한 기록을 살펴보자.

중종 23년(1528) 무자년은 신사임당이 25세 되는 해다. 이때는 친정 어머니 이(李)씨가 49세, 아버지 신명화가 세상을 떠난 지 6년째 되는 해인데 이해에 이씨 부인에게 조정으로부터 열녀각이 내려지게 되는데 그 이야기는 다음과 같다.

일찍이 6년 전인 신사임당의 나이 18세 되던 해에 이런 일이 있었다.

강릉 북평에 계신 외조모 최(崔)씨가 별세하자, 한성(漢城)으로부터 부친 신명화(이때 46세)가 강릉으로 내려가는 도중에 병을 얻어 집에 도착 했을 때는 거의 혼절에 가까울 정도로 병이 깊어져 있었다.

이씨 부인이 온갖 정성으로 간호를 하던 끝에 최후의 정성으로 외증조 부 최치운(崔致雲)의 무덤을 찾아가 자신의 손가락을 끊어 하늘에 고하고 피눈물로 밤새 기도했다는 것이다.

이튿날 아침 아버지 병석 곁에 앉아 있던 신사임당이 깜빡 졸고 있는 데, 꿈에 하늘로부터 내려온 신인이 대추알만 한 약을 가지고 내려와 아

버지에게 먹이더라는 것이다. 깜짝 놀라 일어나보니 신사임당이 꿈을 꾼
것이다.

그 후 부친의 병환이 나았기 때문에 뒤에 율곡도 이 사실을 〈이씨감천기
(李氏感天記)〉에 썼고, 그 일이 나중에 조정에까지 알려지면서 1528년 어
머니 이씨를 표창하여 기리는 열녀정각이 서게 되었던 것이다.

이것은 결코 신사임당의 어머니 이씨 부인에 대한 이야기만이 아니
다. 이것을 옆에서 지켜보며 몸으로 체험하여 배운 신사임당은 어떠했
겠는가? 그 같은 어머니 밑에서 자란 신사임당이기에 자연 어머니를 따
르게 되고 효심이 남달리 깊게 되었던 것이다.

이씨 부인 같은 어머니가 사임당에게 없었더라면 사임당이 예술적으
로나 학문적으로는 이름을 떨칠 수 있었겠지만 인간적으로는 혹여 그
에 미치지 못하였을지도 모른다. 그러나 신사임당은 인간미가 넘치는
사람으로 묘사되는 대목도 있기에 오늘날까지 위대한 어머니 신사임당
으로 추앙받고 있는 것이다.

귀여움 넘치는 둘째 딸

신사임당의 본디 이름은 인선(仁宣)이고, 호는 사임당(師任堂)·임사재(任師齊)이다. 그녀는 고려 신숭겸(申崇謙) 후손인 평산 신씨 신명화(申命和)의 둘째 딸로, 감찰 이원수(李元秀)의 아내이며 율곡 이이의 어머니이다.

신인선(사임당)은 1504년(연산군 10년) 10월 29일 강릉부 북쪽에 있는 북평(죽헌동) 마을에서 태어났다. 그곳은 지금의 오죽헌 지역이다. 아버지 신명화는 한양 태생으로 41세 되던 해 진사시험에 합격했으나 벼슬을 사양하고 오직 학문에만 몰두하였다.

어머니는 용인 이씨로 사온(思溫)의 딸이다. 외할아버지 이사온이 어머니를 아들처럼 여겨 출가 후에도 계속 친정인 강릉에 머물러 살도록 하였으므로 인선(사임당)도 자연 외가에서 생활하면서 외할머니와 어머니의 가르침을 받으며 자라났다.

한양에서 주로 생활하는 아버지와는 16년간 떨어져 살았고 가끔 강릉에 들를 때만 만날 수 있었다.

아버지 신명화는 당시 조정 중종의 측근들이 경학에 밝고 덕행이 높은 사람을 뽑는 현량과에 추천하였어도 굳이 사양하였다. 그런데 공교롭게도 경학 때문에 일어난 기묘사화 때(중종 14년, 1519) 신명화는 살아남을 수 있었다.

기묘사화는 조선 초기부터 권력과 부를 축적한 훈구대신들, 수구파 일당이 이상 정치를 주창하던 조광조 등의 신진파를 역적으로 몰아 죽이거나 혹은 귀양 보낸 사건이었다.

아버지 신명화의 뜻 또한 조광조 등 신진파들과 같았으나 벼슬을 하고 있지 않았기 때문에 다행히 화를 면할 수가 있었던 것이었다.

이후에도 신명화는 세상 돌아가는 정치판 일에 뜻을 두지 않고 나름 소신대로 살았다. 그래서 조정의 벼슬자리에 천거되어도 이를 사양하고 오로지 학문에만 몰두하며 편하게 살았다.

한편 인선의 어머니 이씨도 가정 풍습이 엄격해 학문이 매우 깊은 분이었다. 인선을 낳았을 때 이미 딸이 또 하나 있었다. 그러니까 인선의 언니가 있었으니 인선은 둘째 딸이 되는 셈이었다.

"여보, 너무 상심하지 마셔요"

인선의 어머니가 인선을 낳고 남편에게 한 말이었다. 첫딸을 두고 두 번째도 또 딸을 낳았으니, 남편이 상심할까 해서 걱정이 되었던 것이다. 그러나 인선의 아버지는 조금도 섭섭한 기색을 나타내지 않았고, 오히려 "딸이면 어떻소. 아들만한 딸이 없으란 법이 없잖소." 하고 부인을 위로하였다.

"그렇지만 집안의 어른들과 특히 시어머님을 뵙기에 면목이 없는 것을 어쩝니까?"

이는 인선에게 친할머니가 되는 분을 두고 하는 말이었다. 그러나 인선의 아버지는 아내를 위로하기에 인색하지 않았다.

"아직 내 나이 이팔청춘은 아니지만 아들을 못 볼 나이는 아니니 상심하지 말고 몸조리나 잘하구려."

이때 인선의 아버지 신명화는 29세였다. 당시로는 그 나이가 되도록 아들을 얻지 못하면 큰 걱정으로 여겼고, 인선의 아버지도 은근히 걱정이 되기는 하였으나 아내 앞에서만은 조금도 그러한 내색을 보이지 않았다.

당시의 풍습으로는 아들을 낳지 못하는 아내를 두고 첩을 들인다 해도 그다지 흉이 되지 않는 때였다. 그러나 어쩌랴, 인선의 어머니는 그 뒤로도 내리 딸만 셋을 더 낳았으니, 세상일이 뜻대로 되지 않음을 한탄할 수밖에 없었다.

이른바 양반의 집에 아들은 없고 딸만 다섯이니, 그 고을에 딸부자라는 소문이 파다했다. 그런데 마지막으로 다섯째를 또 딸을 낳으니, 동네 아낙네들이 모일 적마다 입방아를 찧었다.

"에이그, 그 집에 또 딸을 낳았대요."

"쯧쯧, 그 마나님께서 소박맞지 않는 게 다행이지, 원!"

"누가 아니겠어요. 조상님들 제사는 누가 모시고 부모님이 늙으면 누가 수발을 할까요."

"그 마음씨 고운 마나님께서 얼마나 속을 끓이실까."

마음씨 착한 마나님이란 인선의 어머니를 가리키는 말이었다.

"그러게 말이에요. 그 다섯 아가씨들이 하나같이 예쁘고 귀엽지만, 그 중에서도 둘째 딸이 더욱 예쁘고 똑똑해서 열 아들 부럽지 않다지 뭐예요."

동네 아낙네들이 모이기만 하면 인선에 대한 칭찬이 끊이질 않았다. 아낙네들의 말처럼 사실 신씨네 다섯 딸 중에 인선이 가장 영리하고 깜찍스러웠다.

인선이 서너 살 되던 때의 이야기이다.

하루는 저녁을 먹고 툇마루에 나와 밤하늘의 별을 쳐다보고 있었다. 이제 겨우 말을 배워 어머니 무릎에서 재롱을 부릴 인선이 하늘을 가리키며 어머니에게 물었다.

"엄마, 저기 유난히 반짝이는 저 별은 무슨 별이야?"

"응, 그건 북두칠성이라고 하는 별이란다."

"저건?"

"직녀성이라고 하지."

"그럼 저건?"

"그건 견우성이란다."

어린 인선은 호기심이 많아 무엇이고 한번 묻기 시작하면 끝이 없었다. 보통 사람 같았으면 귀찮아서 들은 체도 아니하고 야단을 쳤겠지만, 인선의 어머니는 빙그레 웃으며 일일이 묻는 말에 대답을 해주곤 하였다.

"견우성?"

이렇게 인선이 별처럼 초롱초롱한 눈빛으로 다시 물으면 어머니는 그런 딸이 더없이 귀엽고 사랑스러웠다. 그래서 인선의 복숭아 속살 같은 볼에 살짝 입맞춤을 해주고 나서, 견우성과 직녀성에 관한 자세한 이야기를 들려주곤 하였다.

"견우와 직녀는 한 해에 한 번, 칠월 칠석날이 되면 두 별이 은하수를 가운데 두고 그 위치가 매우 가까워지게 되는데 이러한 사실로부터 설화가 생겨났단다. 이 설화는 신앙과 함께 우리에게 전해져왔는데, 원래 직녀는 하느님[天帝]의 손녀로 길쌈을 잘하고 부지런했으므로, 하느님이 매우 사랑하여 은하수 건너편의 하고(河鼓)라는 목동(견우)과 혼인하게 했다. 그러나 이들 부부는 신혼의 즐거움에 빠져 매우 게을러졌으므로 하느님이 매우 노하여 그들을 은하수를 가운데 두고 다시 떨어져 살게 한 후 일 년에 한 번, 칠월 칠석날만 같이 지내도록 했다. 그런데 은하수 때문에 칠월 칠석날도 서로 만나지 못하자, 이를 보다 못한 까막까치들이 하늘로 올라가 머리들을 이어 다리를 만들어 주었단다. 그래서 이 다리를 오작교(烏鵲橋)라 하며, 까막까치들이 칠석날이 지나면 다리를 만드느라 머리가 벗겨져 돌아온다고 한다. 또한 칠석날 내리는 비는 칠석우(七夕雨)라 하며 견우와 직녀가 너무 기뻐서 흘리는 눈물이라 하고, 그 이튿날 아침에 오는 비는 이별의 눈물이라고 전한다."

참말로 슬프고도 아름다운 이야기였다. 이 이야기를 들은 인선은 견우와 직녀가 영원히 함께 만날 수 있었으면 좋겠다고 생각했다.

인선이 태어난 강릉 북평마을은 계절 따라 경치가 수려한 곳이었다. 사시사철 나름대로 산과 바람과 물이 어우러져 공기가 맑았으며, 또 늘 푸른 동해 바다의 장관은 정말로 사람의 마음을 사로잡을 만한 힘을 지니고 있었다.

이러한 환경 속에서 인선은 꽃처럼 물처럼 맑게 자랐다. 풀 한 포기, 꽃 한 송이를 함부로 다루는 일이 없었다. 이웃의 슬픔을 보면 함께 슬퍼하고 기쁨을 보면 함께 기뻐하는 다정다감한 아이였다. 그래서 언니들이 잠자리 같은 곤충들을 잡아오면 인선은 몹시 마음이 아팠다. 결국 이런 마음 때문에 후일 '초충도(草蟲圖)'를 즐겨 그리게 된 계기가 되었음직도 하다.

인선은 마을 어귀의 동산과 논두렁, 밭두렁을 산책하면서 나무와 풀벌레, 꽃과 과일, 갈대와 물새 등을 바라보는 것을 제일로 좋아했다.

특히 대나무와 포도송이, 꽃과 나비, 수박과 여치, 오이, 가지와 사마귀, 방아깨비, 풍뎅이 등을 관찰하다 보면 시간 가는 줄을 모른 채 가족들이 찾으러 올 때까지 쪼그려 앉아 관찰하기가 일쑤였다. 그럴 때마다 어머니는 풀벌레 하나까지 그것들의 특성과 생태를 자세하게 가르쳐주시곤 하였다.

안견의 그림에서
깨우침을 얻다

인선이 뛰어난 예술적인 감각에 눈뜨기 시작한 것은 일곱 살 무렵이었다. 글과 글씨에 이르기까지 천재적인 소질을 가지고 있었지만 특히 그림을 그리는 일에 뛰어난 재능을 보였다.

어느 날 인선이 풀숲에 살고 있는 애벌레를 그리고 있는데, 언니와 동생이 찾아와 밖에 나가 놀자고 하였다.

때는 봄이라서 날씨는 화창하였다. 소생하는 봄의 푸르름과 어머니 품속과도 같은 따스한 햇살, 그 햇살을 좇아 밖으로 뛰쳐나가고 싶은 생각이 없지는 않았으나 인선은 그 유혹을 애써 참으며 말했다.

"나는 지금 그림을 그리고 있는 중이야."

"놀다 와서 다시 그리면 되지 않아?"

"그래 언니, 우리 함께 놀고 나중에 그리자."

언니와 동생이 함께 놀기를 청하니, 인선도 나중에 그리자 하는 생각으로 언니와 동생과 함께 뛰어놀며 재미를 느꼈다.

그러나 곧 인선은 그리다 만 그림 생각에 재미있는 놀이를 중단하고 집으로 들어와 그림 그리기를 계속하려 했다. 그런데 그만 망연자실하여 울음을 터뜨리고 말았다. 그동안 밖에서 잘 놀던 닭 한 마리가 인선이 그림을 그리던 방으로 들어와 조금 전까지 그려놓았던 그림을 망쳐 놓은 것이다.

인선의 울음소리를 듣고 오신 어머니가 닭을 내쫓은 다음 망쳐놓은 그림을 자세히 보시며 말씀하셨다.

"어머! 네가 그린 그림 속의 벌레가 살아 있는 벌레인 줄 알고 닭이 쪼아 먹으려 했나 보다. 이걸 봐라, 벌레를 그렸던 곳에만 구멍이 나지 않았느냐. 엄마가 새 화선지를 줄 테니 울지 말고 다시 잘 그려 보거라. 네가 그림을 너무 잘 그렸기 때문일 거야."

울음을 그친 인선은 어머니가 펼쳐 보이신 그림을 보고, 정말 벌레를 그렸던 곳에만 구멍이 나 있는 것을 보았다. 닭이 그림 속의 벌레를 살아 있는 벌레로 착각하고 쪼아 먹으려 했던 것이 분명했다.

그러면서 어머님은 옛날 유명했던 화가들의 일화를 자세히 들려주셨다.

"옛날 신라시대에 솔거라는 농부 출신의 화가가 있었단다. 이 솔거는 어릴 때부터 그림 그리기에 천재적인 소질을 나타냈다. 어른이 된 솔거는 후일 황룡사 절의 담장에 노송도(老松圖) 벽화를 그리게 되었다. 그런데 노송을 너무나도 실감나게 잘 그려 날아다니는 새들이 착각하고 날아들어 벽에 부딪혀 수없이 많은 새들이 죽었다는 일화가 있단다. 그러니까 너도 울지 말거라. 네가 그린 벌레가 살아 있는 것으로 보였기에 닭이 쪼아 먹으려 했으니 네가 그림을 잘 그린 것이니 좋아해야 할 일이로구나."

이 일화는 당시에 사실적인 묘사 중심의 회화가 발달하였음을 입증해주는 사례이며, 이는 당대 불교 조각의 사실적 묘사수법의 발전에서도 확인된다.

어머니의 이야기를 들은 인선은 그림을 망쳐놓은 닭을 원망하지 않고 오히려 차분한 마음으로 다시 그림을 그릴 수 있었다. 당시로서는 여자가 그림을 그린다든가 글공부하는 것을 탐탁히 여기지 않던 시대였다. 오직 여자는 길쌈이나 배우고 살림이나 하는 것으로 생각하고 있었다. 더구나 그림 그리는 사람을 환장이라 하여 몹시 천하게 여기는 경향이 있었다. 그럼에도 인선은 그림을 그리고, 글을 배우는 꿈 많은 어린 시절을 보낼 수 있었는데, 그것은 그녀의 재능에 대한 어른들의 이해가 있었기 때문이었다.

원래 북평, 혹은 북촌이라고 불리는 이곳은 인선의 외가가 있는 마을이었다. 인선의 어머니는 무남독녀 외딸이었기 때문에, 친정아버지 이

사온의 뜻에 따라 결혼을 하고도 친정에서 살 수밖에 없었다. 때문에 인선은 한양에서 따로 살고 있는 아버지와는 일 년에 한두 번 만날 수 있을 정도였다.

한양에서 강릉까지는 4백 리 길이었다. 인선은 아버지가 그리울 때마다 당장이라도 한양으로 달려가고 싶었으나 4백 리 길은 너무 먼 길이었다.

그래서 한양에 사는 아버지가 강릉 북평마을을 찾아오면 어리광을 피웠다.

"아버지, 나도 아버지를 따라갈 테야."

"어머니는 어쩌고?"

"엄마도 함께 가지, 뭐."

"그렇게는 안 된단다."

"왜? 왜 안 되는 거야?"

그렇게 아버지 앞에선 어리광을 피우는 인선이었지만 마음속으로는 왜 아버지와 살 수 없는가를 알고 있었다. 어린 마음에도 자기네 가족이 아버지를 따라 한양으로 간다면, 외할아버지와 외할머니가 어떻게 될 것인가를 생각하고 있었던 것이다.

또한 인선은 한 번도 가본 적이 없는 한양보다는 어려서부터 자라고 익숙한 이곳 북평마을이 훨씬 마음에 들고 좋았다.

봄·여름·가을·겨울을 지내는 동안 철 따라 옷을 갈아입듯 변화하는 산과 들, 들과 산에서 나는 나물을 뜯을 수가 있고, 들꽃 속에서 노닐며 온갖 새들과 풀벌레들 그리고 잠자리와 토끼와 벗할 수가 있으니, 이보다 더 큰 기쁨이 어디 있을까? '나는 커서도 이곳 북평마을에서 살 거야.' 하는 생각을 늘상 해왔었다.

그림 그리기를 좋아하는 인선으로서는 이곳을 떠나면 영영 그림을 그리지 못할 것 같은 기분이 들었다. 당시엔 여러 가지 색깔의 꽃, 나무 열매 등을 따서 물감을 만들어 썼는데, 이곳을 떠나면 물감 구하기가 힘들 것만 같았다. 아무리 좋은 음식을 먹고 좋은 집에서 산다고 해도, 인선에게 있어서 그림을 그리지 못하게 하는 생활은 아무런 의미가 없을 것 같았다.

물감과 그림을 그리는 데 필요한 종이는 외할아버지께서 구해주셨다. 그런 외할아버지와 떨어져 살아야 한다는 것은 생각하기도 싫었다. 그래서 인선은 두 번 다시 한양 이야기를 꺼내지 않기로 하고, 그동안 그려두었던 그림들을 아버지께 보여드렸다.

그리고 풀벌레 그림을 닭이 쪼아 먹은 이야기도 해드렸다.

"허허, 우리 인선이 그림이 이제 하루가 다르게 달라지는구나. 누가 보아도 감탄할 재주로다. 그렇지만 인선아, 그림을 그리는 일도 중요하지만 글 읽는 일에 소홀해서는 아니 된다."

"예."

"너에게 줄 선물을 가져왔는데, 마음에 들는지 모르겠구나."

다소곳이 대답하는 인선의 고운 얼굴을 바라보던 아버지는, 두루마리로 된 족자 하나를 인선 앞에 내놓았다.

"어서 풀어 보아라. 네가 그림을 좋아하기 때문에 아버지의 친구 집에서 빌려 온 것이다. 소중히 살펴본 뒤, 다시 돌려줘야 한다."

이윽고 인선 앞에 한 폭의 산수화가 펼쳐졌다. 먹으로 그린 그림인데 그 그림에는 바위와 골짜기의 물이 그려져 있고, 몇 그루의 나무와 한 명의 사람이 있었는데 참으로 멋진 그림이었다.

인선은 뚫어지게 그림을 쳐다봤다.

"어때, 마음에 드느냐?"

아버지가 물었으나 인선은 그 말을 듣지 못했다. 너무도 그림을 바라보기에 열중해 있었기 때문이었다.

그런 인선을 보고 아버지는 입가에 미소를 지으며 다시 말했다.

"그 그림은 안견(安堅)이 그린 것이란다."

"안견이요?"

"그래."

"안견이란 사람은 어떤 사람이지요?"

인선의 눈엔 호기심이 가득 어렸다. 어떤 사람인데 이토록 그림을 잘 그리는가를 알고 싶었던 것이다. 아버지는 딸의 그런 마음을 다 알고 있다는 듯이 안견에 대한 이야기를 해주었다.

안견은 세종연간(1419~1450)에 가장 왕성하게 활동하고 문종과 단종을 거쳐 세조 때까지도 궁중의 화원으로 활약한 것으로 기록되어 있다.

세종대왕의 셋째 아들인 안평대군(安平大君)이 도원(桃源)을 꿈꾼 후 그 내용을 안견에게 설명하여 그리게 한 〈몽유도원도(夢遊桃源圖)〉가 대표적인 산수화다.

이 그림은 여러 가지 특색을 지니고 있는데, 왼편의 자연스러운 현실세계와 오른편 대부분의 환상적인 도원의 세계가 큰 대조를 보여 두드러진 특징을 나타낸다. 곧 현실세계는 부드러운 토산(土山)으로 이루어져 있고, 도원의 세계는 기이한 형태의 바위산으로 형성되어 있어서 그 차이가 현저하게 엿보인다.

그러나 무엇보다도 큰 특색은 전체의 경관이 몇 개로 따로따로 떨어져 있으면서 조화를 이루는 경물(景物)들로 짜여 있다는 점이다. 즉, 여러 개의 산무더기들이 합쳐져서 하나의 통일된 전경을 형성하고 있다는 것이다.

아버지에게 안견의 이야기를 감명 깊게 들은 인선은 날마다 그림을 보고 또 보며 그림의 구성을 살피고 연구했다. 마침내 한 달이 지나 아버지가 한양에 올라갈 때가 되었다. 빌려 온 그림을 가지고 돌아가야 하는데 인선은 하루만 더 보게 해달라고 아버지를 졸랐다. 하루만 더 보겠다는 딸의 부탁이 어찌나 간절한지 차마 거절할 수가 없어 허락을 했다.

하루만 보겠다는 것이 며칠이 지나가 버렸다. 인선이 너무나 열심히 그림을 보기 때문에 아버지는 가야 한다는 말을 못하고 있는 것이었다.

그러던 어느 날이었다.

"아버지, 이제 그림을 가져가셔도 좋아요."

"그래, 그 그림의 이치를 알았느냐?"

아버지의 말씀에 인선은 생긋 웃으며 대답을 대신했다.

인선은 사실, 안견의 그림을 보면서 많은 것을 깨달았다.

처음에는 '저렇게 넓은 바다와 저렇게 큰 산을 어떻게 좁은 비단이나 화선지에 그릴 수 있을까?' 하고 생각했었는데, 그 해답을 안견의 그림에서 찾아냈던 것이다.

그것은 멀고 가까운 것을 그림 색깔의 짙음과 옅음, 또는 선의 굵기에 의해 나타내는 원근법임을 알았던 것이다.

뿐만 아니라, 많은 것을 좁은 그림 안에 다 그릴 수 없으니까 어떤 것은 생략한다는 생략법도 알았다. 이렇게 그림의 기본이 되는 이치를 깨달은 인선은 그때부터 훌륭한 화가의 길로 접어들고 있었던 것이다.

76

자신이 지은 호,
사임당

인선은 그림 그리는 일에만 열중하였던 것이 아니고, 매일매일 글쓰기와 글 읽기를 조금도 게을리하지 않았다.

어느 날이었다. 인선은 책을 읽다가 문득 자기도 호(號)를 가져야겠다는 생각을 했다. 이런저런 궁리를 하다가 마침내는 그럴 듯한 호를 하나 떠올렸다.

'사임당(師任堂)'. 스스로 지은 자신의 호였다.

사(師)는 본받는다는 뜻이었다. 좋은 점을 본받아 사는 것이야말로 나무랄 데가 없는 일이었다.

본래 '사'라는 뜻은, '일로써 가르치고 덕으로 깨우치게 하는 것이다. 그것은 부모를 섬기는 일을 가르치게 되면 바로 효도하는 덕을 알게 되고, 웃어른을 섬기는 일을 가르치게 되면 바로 공경하는 덕을 깨우치게 된다'는 유교 사상을 담고 있었다. 그러니 '사'는 덕으로써 깨우치게 하려는 인선의 뜻이 담긴 글자라 할 수 있었다.

그리고 '임(任)'은 옛날 중국 주나라 문왕의 어머니 '태임(太任)'에서 본뜬 글자였다. 태임은 중국 역사상 가장 어질고 슬기로운 부인으로 이름이 나 있었다. 특히, 아들 문왕을 훌륭히 키워낸 어머니로 유명했다. 문왕은 어머니 태임의 가르침을 받아 백성들에게 좋은 정치를 베푼 왕이었다. 그래서 문왕의 어머니 태임의 이름자를 따서 '사임'이라 호를 지었다.

태(太)는 존경의 칭호인데, 고대 중국에서는 부인의 경칭은 위에 붙이고 성은 밑에 붙였다. 곧 지(摯)나라 임(任)씨의 둘째 딸이었는데 왕계(王季)가 장가들어 비(妃)를 삼았다. 왕계는 문왕의 아버지로서 문왕의 아들 무왕(武王)이 은(殷)나라를 멸하고 중국을 통일한 뒤 왕계로 추존된 이름이다.

태임의 성품은 단정하고 한결같았으며 정성스럽고 장중하여 오직 덕을 향했다.

문왕을 임신해서는,

"눈은 사악(邪惡)한 것을 보지 않았으며

귀는 음란한 소리를 듣지 않았으며

입은 오만스러운 말을 하지 않았으며

서 있을 때는 발을 헛딛지 않았으며

다닐 때는 걸음을 천천히 하였으며

자리가 바르지 않으면 앉지 않았으며

고기도 바르게 잘린 것이 아니면 먹지 않았으며

눈으로는 나쁜 것을 보지 않았으며

귀로는 음란한 말을 듣지 않았으며

입으로 악한 말을 하지 않았으며

밤이면 시녀로 하여금 글을 읽게 하였으며

시를 외우게 하여 마음을 화락하게 하였습니다."

이런 태교로 문왕(文王)을 낳으니 총명하고 슬기로워서 하나를 가르치면 백 가지를 알았다. 주나라 문왕은 어머니 태임을 본받아 백성에게 덕을 베풀었으며, 주나라 으뜸 임금이 되었던 것이다.

문왕은 서백(西伯) 창(昌)이다. 은나라 주왕(紂王)이 폭정을 일삼고, 구리기둥에 기름을 바르고 그 아래는 숯불을 피워놓고 구리기둥 위로 죄인을 걸어가게 하는 형벌, 즉 포락(炮烙)의 형을 가했다. 이에 창(昌)이 낙수(落水) 서쪽의 기름진 땅을 바치면서 포락의 형만은 없애달라고 청원하여 주왕은 그 형벌을 폐지시켰다.

그리고 주왕은 활과 화살, 도끼를 하사하면서 왕명을 거역하는 제후를 징벌할 수 있게 하고, 서쪽 지방의 제후 우두머리라는 뜻으로 서백(

西伯)으로 삼았다.

서백은 덕을 닦고 선행에 힘썼다. 대부분의 제후들은 주왕을 배반하고 서백에게 귀의하여 복종을 맹세했다. 그 결과 서백은 한층 더 강대해졌고 주왕은 점차로 권위를 잃었다.

결국 서백이 죽은 후 주(周)의 무왕이 은의 주왕을 정벌하여 서백 창은 돌아가셨기에 문왕으로 추존되었던 것이다.

인선은 이런 훌륭한 문왕의 어머니를 본받으려는 뜻에서, '사임당'이라는 호를 지어 가지고 어머니께 그 뜻을 설명하였다.

어머니는 그 말을 듣고 인선의 총명함에 감탄을 하며 말했다.

"인선이는 참으로 기특하구나."

인선의 나이 그때 겨우 14세 때였다. 14세에 벌써 중국 고대 여러 나라의 흥망성쇠를 엮어 담은 《열국지(列國志)》와 사마천 《사기(史記)》까지 읽고 그 뜻을 깨우친 것이었다.

"사임이라는 너의 그 호가 좋을 듯싶구나. 태임의 훌륭한 점을 본받아 실천해보도록 하거라."

그로부터 인선은 글을 쓰거나 그림을 그린 다음, 반드시 사임당이라는 호를 작품에 써 넣기 시작했다.

차츰 인선이라는 이름보다는 사임당이라는 호가 널리 알려지기 시작하면서부터 그림도 점점 원숙해지고 있었다.

일 년에 한두 번씩 한양에서 내려오는 아버지가 사임당의 글씨와 그림을 한양으로 가지고 가 자랑하였기 때문에, '사임당' 하면 그림을 잘 그리는 여자로 칭송이 자자해지기 시작했다. 그럴수록 사임당의 어머니는 딸의 교육에 힘을 기울였다.

"모름지기 여자는 언행에 조심해야 하느니라."

어머니의 훈도(訓道)가 있는 날은 딸들이 모두 한자리에 모여 그 가르침을 받았으나, 그중에서도 사임당이 제일 열심히 그 말씀을 듣고 따르기 위해 노력하였다.

"여러 사람이 모여 함께 음식을 먹을 때는 혼자서만 배불리 먹으려고 해서는 안 된다. 또 불결하게 음식을 손으로 집어 먹어서는 안 되며, 젓가락으로 음식을 흩어 먹어서도 안 되느니라. 알겠느냐?"

"예!"

어머니의 말씀은 계속되었다.

"국을 먹을 때는 후루룩 소리를 낸다거나 건더기를 들이마셔서도 안 되며, 뼈를 오도독거리며 씹어서도 아니 되고, 주인 앞에서는 국에 간을 맞추어 먹어서는 더욱 아니 된다!"

"국에 간을 맞추어 먹는 것이 아니라고요?"

"그래. 사람마다 입맛이 다르겠지만, 자기의 입에 맞지 않는다고 주인 앞에서 간을 맞추어 먹으면 그 주인의 음식 맛이 없다고 탓하는 것과 다름이 없기 때문이란다."

어머니는 이밖에도 음식을 먹을 때의 예법을 세세한 것까지 말씀해 주셨다.

"남자와 여자는 한데 섞여 앉지 말아야 하며, 옷걸이에조차 함께 옷을 걸지 않으며, 건과 빗을 같이 쓰지 않으며, 친밀히 서로 전하지도 말아야 한다."

또 여자가 혼인을 하였으면, 커다란 변고가 있지 않는 한, 친정에 드나드는 것을 삼가야 하며 무릇 모든 행동은 공경스러워야 한다고 했다. 그리고 용모가 단정해야 하고, 태도가 근엄해야 하며, 경솔한 생각이나 행동을 삼가야 하고, 하는 말이 안정되어 있어야 한다고 가르쳤다.

물론 그러한 가르침은 여자들만 아니라 남자들도 반드시 갖추어야 할 예법이었다.

사임당은 이러한 예법을 실천하는 데 몸소 노력하였다.

어느덧 세월이 흘러, 이런 가르침 속에서 자란 첫딸의 혼삿날이 다가왔다.

혼삿날을 앞두고 사임당의 어머니는 걱정이 태산 같았다.

그것은 넉넉하지 못한 형편 때문이었다. 사임당의 아버지 신명화는 성격이 매우 곧은 선비로, 벼슬보다 학문을 더 사랑한 학자였기 때문에 돈이나 세도가 있을 리 없었다. 거기에다 엎친 데 덮친 격으로 외할머니는 병환 중이었다.

옛말에 "딸이 셋이면 대문을 열어놓고 잔다."는 말이 있다. 이 말은 딸을 시집보내려면 그만큼 많은 재산이 든다는 것을 비유한 말로, 딸 셋만 시집보내고 나면 아무리 부잣집이라 해도 남아날 것이 없어 도둑도 그 집에는 들어가지 않는다는 말이다.

언니의 혼숫감 준비 때문에 걱정하는 어머니의 모습을 지켜보는 사임당도 마음이 아팠다.

딸을 시집보내면서 남부럽지 않게 혼숫감을 마련해주고 싶은 것이 부모의 마음이다. 그런데 그렇게 해줄 수 없어서 안타까운 것이다. 이런 어머니의 마음을 사임당이 모를 리 없었다. 그래서 밤이 늦은 시각에 어머니의 방문을 두드렸다.

어머니는 사임당을 보고 눈가에 인자한 미소를 지으며 말했다.

"밤이 깊었는데 왜 자지 않고……."

어머니의 고운 얼굴에 수심이 가득 서려 있었다. 그 수심에 싸여 있는 어머니의 얼굴을 조금이라도 펴드리고 싶었다.

"너무 상심하지 마세요."

사임당은 어머니를 위로하며 손에 들고 있던 병풍과 그림 수예품 등을 어머니 앞에 놓았다.

"언니의 혼사를 위해 틈틈이 준비했어요. 이것을 사대부집에 팔게 되면 조금이나마 도움이 될 거예요."

"아니, 언제 이 많은 작품들을 준비해 놓았는가?"

어머니는 사임당이 내놓은 것을 보고 말을 잇지 못했다.

어린 딸의 생각이 너무도 기특하고, 또 고마웠던 것이다.

그 당시 사임당의 그림과 글씨가 유명하기로 인근부락 사대부집까지 소문나 있었기에 종종 자주 팔려 나가고 있었다.

"신사임당은 어려서부터 경전(經典)에 능통했으며 글도 잘 짓고 글씨도 잘 썼다. 또 바느질도 잘하고 수놓기까지 정교하지 않은 것이 없었다. 게다가 천성도 온화하고 얌전했으며 지조가 정결하고 거동도 조용했다. 또한 일처리에 있어 편안하고 자상했으며 말이 적고 행실을 삼가며 또 겸손하였다."고 아들 율곡이 〈선비행장(先妣行狀)〉에 기록하였다.

이러한 행실과 몸가짐에 대한 아들의 표현은 어머니 신사임당이 일생 동안 그러한 삶을 몸소 지키고 실천했던 사실을 기록한 것으로, 우리나라에서 가장 모범적이고 대표적인 어머니의 표상으로 여겨져 왔다.

신사임당이 어려서부터 이러한 성품을 간직하고 실천할 수 있었던 가장 큰 바탕은 성리학적인 가정교육을 충실히 받았기 때문이다.

즉, 아버지 신명화가 용인 이씨 이사온(李思溫)의 무남독녀와 혼인함에 따라 용인 이씨 가문뿐만 아니라 용인 이씨의 외가인 강릉 최씨 가문과도 인척관계를 형성했는데, 특히 용인 이씨의 외할아버지인 최응현(崔應賢)은 신사임당에게 적지 않은 영향을 미쳤다.

신사임당은 태어나서부터 19세가 되던 해까지 어머니 용인 이씨와 어머니의 외가 강릉 최씨 가문과 관계가 유지되었는데, 이 시기는 사임당의 품성과 행실의 초석을 다지고 실천했던 중요한 시기였다.

초서병풍(6폭) | 신사임당, 조선/16세기, 45×34cm

강원도유형문화재 제41호, 강릉시 오죽헌·시립박물관 소장

아름다운 그림의
소재들

언니가 시집을 간 후, 사임당이 해야 할 일은 더욱 많아졌다.

예전 같으면 언니가 어머니의 일을 많이 도와주었을 뿐만 아니라 어린 세 동생들을 돌봐주어야 했는데, 이제는 사임당이 언니 노릇을 해야만 했다. 그리고 병석에 누워 계시는 외할머니를 간호해야 하는 바쁜 나날이 계속되었다.

이런 바쁜 생활 속에서도 사임당은 틈틈이 글공부와 그림 그리기, 수놓기를 게을리하지 않았다. 특히, 그 즈음에 와서는 산수화를 비롯해 포도·풀벌레 등 여러 가지 그림을 그렸다.

사임당의 그림을 본 사람들은 감탄을 하며 칭찬을 아끼지 않았다. 어떤 사람들은 안견의 화풍을 능가할 것이라고도 말했다. 그러나 그림을 그린 사임당은 그렇게 생각하지 않았다. 그래서 늘 우울했다.

이런 기미를 알아차린 어머니가 사임당에게 그 까닭을 물었다.

"내가 보기에는 너의 그림이 훌륭한데 왜 그러느냐?"

"그렇지가 않습니다."

"그렇지가 않다니?"

"이 그림들에는 혼이 깃들어 있지 않습니다. 혼이 없는 그림은 정말 환장이들이나 그리는 그림이지요."

"……."

이로부터 사임당은 정말 그림 속에 자신의 혼을 불어넣으려고 무척이나 애를 썼다.

황룡사의 벽에 노송을 그린 솔거라든가, 〈몽유도원도〉를 그려낸 안견 등이 유명해질 수 있었던 것은 그들이 그들 스스로의 혼이 깃든 그림을 그렸기 때문일 것이라고 생각했다.

이런 깨달음이 있은 뒤, 사임당은 혼이 깃든 그림을 그리려고 힘쓰는 한편, 자신만이 그릴 수 있는 그림을 그리겠다는 노력을 아끼지 않았다.

사임당은 물론 산수화를 그리기도 하였지만, 그밖에도 산수도·포도도·노안도·요안조압도 같은 것을 즐겨 그렸다.

산수화는 안견의 화풍을 따라 그려냈으나, 포도도라든가 노안도·요안조압도 같은 것은 사임당 스스로가 화법을 창안해서 그린 그림이라고 해도 과언이 아니었다.

포도도는 글자 그대로 포도를 그린 그림이었다. 그 그림을 보고 있노라면 향긋한 포도 향이 넘실대듯 절로 군침이 돌았으며, 식욕을 당기게 하는, 그야말로 사임당의 혼이 포도 송이송이에 담겨 있지 않나 싶게 여겨질 정도였다.

노안도는 기러기가 하늘을 나는 그림이었는데, 기러기의 모습이 정말 살아 움직이는 듯 생동감이 있었다. 요안조압도는 여뀌가 우거진 기슭에 오리가 앉아 있는 모습이고, 자리도는 자줏빛 잉어가 연못에서 활기차게 놀고 있는 모습을 그린 그림이었다.

이런 그림들 중에서도 '초충도(草蟲圖)'야말로 사임당의 독보적인 그림이라 할 수 있었다. 그 그림을 보면, 꽃을 찾아 날아드는 잠자리와 벌의 모습이 보였다. 또한 나비와 이름 모를 곤충도 있었고 땅을 기어가는 쇠똥구리의 모습도 잘 볼 수 있다.

그 모두가 정말로 사임당의 혼이 담긴 그림들로, 스스로 화법을 창안해 그려낸 그림들이라 할 수가 있었다.

사실 사임당에게는 스승이 있을 수가 없었다. 다만 안견의 산수화를 스승 삼아 홀로 그림 공부에 열중했을 뿐이었다.

안견의 산수화는 아버지가 구해다 주거나 혹은 빌려다 주고는 했다.

처음 얼마 동안은 안견의 산수화를 그대로 옮겨놓는 작업에 지나지 않았으나 차츰 세월이 지남에 따라 사임당은 자신이 지닌 천부적인 재능을 발휘할 수 있게 되었다.

초충도(8폭) | 전 신사임당, 조선/16세기, 지본채색, 48.5×36cm

강원도유형문화재 제11호, 강릉시 오죽헌 · 시립박물관 소장

"어느 것이 안견의 그림이고, 또 어느 것이 사임당 네 그림인지 나는 도무지 알 수가 없구나."

언젠가 사임당의 아버지가 딸의 영특함에 무릎을 치며 한 말이었다.

이렇듯 사임당은 그림 공부를 시작하면서부터 주위 사람들을 감탄시켰다.

무릇 예술은 다른 것을 보고 본뜨거나 흉내를 내는 모방이라고 했는데, 사임당은 모방을 뛰어넘어 자기 스스로의 작품 세계와 기법을 새롭게 생각해내기에 이른 것이었다.

사계절이 뚜렷한 북평마을의 독특한 경치는 모습 그대로가 한 폭의 그림을 연상시키기에 충분했다. 병풍처럼 마을을 둘러싸고 있는 산이 그러했고, 푸른 들이 그러했으며, 계곡을 타고 흐르는 물줄기가 그러했다.

기묘하게 생긴 바위와 깎아 세운 듯이 솟아 있는 낭떠러지, 기암절벽은 물론 노송·들꽃·산새, 구름 한 점 없이 푸르기만 한 하늘, 넓기만 한 동해 바다 등 이런 것들 모두가 사임당에게 있어서는 아름다운 그림의 소재들이요, 경이로운 대상들이었다.

김매는 일, 이삭 따는 일, 나물 캐는 일, 낫질 하는 일, 논일, 밭일……, 이런 일들도 사임당에게는 예사롭지 않은 한 폭의 그림처럼 신비스러웠고, 모두 그림으로 옮겨보고 싶은 대상물들이었다.

사임당은 하찮은 미물들까지도 사랑했다.

벌·개구리·쇠똥벌레·잠자리·참새·기러기 등등……, 이런 자연과 벗하는 생활이었기 때문에 사임당은 아름다운 자연의 색채를 그려 낼 수 있었던 것이다.

'계집애가 글공부는 해서 뭘 해? 벼슬을 할 거야, 뭘 할 수 있겠어?'

이것이 당시 사람들의 생각이었다. 따라서 써먹지도 못할 글공부를 할 필요가 없다고 생각하는 사람들이 대부분이었다.

하지만 사임당의 생각은 달랐다. 음식 만들기, 바느질 등의 가사 일도 중요하지만, 여자도 글공부를 해야 한다는 생각이었다. 글공부라는 것이 반드시 벼슬을 하기 위해서 있는 것만은 아니라고 생각했다.

세상에 태어난 한 인간으로서, 한평생을 참되고 보람 있게 살아가기 위해서 글공부를 해야 한다는 것이 사임당의 생각이었다. 그래서 사임당은 모든 일을 스스로 해결하려고 노력했다. 글씨 공부·그림 공부·글 읽기 등등 학문에 대한 사임당의 열의는 대단했다.

이 무렵 사임당에게는 한 가지 큰 걱정거리가 있었다.

병석에 누워 있는 외할머니의 병세가 조금도 나아지지를 않고 있는 것이다. 어머니는 의원을 부르고, 좋다는 약을 쓰고, 치성을 드리는 등 온갖 정성을 다했으나 병세는 조금도 좋아지지가 않았다.

이러하니 어머니의 슬픔인들 오죽하랴마는 사임당의 슬픔도 어머니 못지않았다. 사임당에게 있어 외할머니는 할머니이기 이전에 말동무였고 스승과 같은 어른이었다.

"할머니!"

사임당은 병석의 외할머니를 나직이 불러보았다.

무슨 말씀이라도 한 마디만 해주시면 좋으련만 외할머니는 아시는지 모르시는지 대답이 없다.

사임당은 외할머니의 등에 업혀 이웃집에 가던 일이며, 마을에 잔치가 있을 때마다 갖은 맛있는 음식을 얻어 주시던 일, 그리고 옛날 성현들의 이야기를 해주시던 외할머니의 정답던 모습들이 주마등처럼 떠올랐다.

외할머니는 겨우내 병석에서 일어나지 못했다. 어머니는 잠시라도 외할머니의 곁을 떠나지 않고 밤을 새워가며 병간호를 했다. 그런 눈물겨운 효성 속에서 춥고 긴 겨울은 북풍한설이 문풍지를 울리고 떠나듯, 속절없이 지나가고 있었다.

동해 바다에서 휘몰아치던 찬바람이 훈훈한 봄바람으로 바뀌고, 얼었던 시냇물이 졸졸 흐르면서 양지쪽에는 이름 모를 새싹들이 얼굴을 내밀 무렵이었다.

마침내 사임당의 외할머니는 그동안의 병간호도 보람 없이 이 세상을 하직했다.

'오 슬프도다, 극락왕생하소서.'

습작묵매도(習作墨梅圖) **| 전 신사임당, 조선/16세기, 지본수묵**

22.1×14.9cm, 강릉시 오죽헌 · 시립박물관 소장

지성이면 감천,
하늘에 닿은 어머니의 정성

　　외할머니의 죽음은 사임당에게 있어 어머니 못지않게 목이 쉬어 울 정도로 커다란 슬픔이었다. 세상이 텅 빈 것처럼 느껴졌다. 세상 어느 곳을 뒤져보아도, 외할머니의 모습을 대할 수가 없게 되었다는 공허함이 가슴을 저미듯 아프게 했다.

　'산다는 것은 무엇인가?'

　'사람은 왜 태어나서 늙고 병들고, 죽어야만 하는 것일까?'

　'영원히 살 수는 없는 것일까?'

　이러한 의문들이 꼬리를 물었다. 사람이 죽어나가는 것을 이제 처음 겪고 보아온 것이 아닌데도 외할머니의 죽음은 사임당으로 하여금 갑자기 많은 것을 생각하게 했다.

　사임당의 나이 열여덟.

　한창 꿈에 부풀어 있어야 할 나이에 사임당은 인간의 목숨에 대한 허

무함을 느꼈다. 샘물처럼 솟구치는 슬픔 속에 외할머니의 장례를 치르고 났을 때, 곧 또 다른 충격적인 소식이 사임당 가족을 놀라게 했다.

사임당의 아버지 신명화가 장모님의 병환이 위독하다는 소식을 듣고, 한양에서 이곳 강원도 강릉으로 달려오다가 병을 얻었다는 것이다. 사임당의 아버지는 경기도 여주에 이르러 장모님이 이미 운명하셨다는 부음을 들었는데, 그 부음을 듣고 크게 상심하며 길을 재촉하였던 것이다.

길을 재촉하던 아버지가 횡성 땅을 지날 때, 갑자기 신열이 높아지기 시작하더니, 이내 인사불성이 되었으며 목숨이 경각에 달려 있다고 했다. 이 말을 들은 가족들의 가슴은 철렁 내려앉았다. 이 무슨 변고란 말인가.

"그럴 리가……."

사임당의 어머니는 말을 잇지 못했다.

그동안 어머니는 외할머니의 오랜 병간호와 장례를 치르는 잡다한 일로 인해 몸과 마음이 모두 지쳐 있었다.

"어머님, 지금은 슬퍼하고만 계실 때가 아닌 줄로 압니다. 정신을 차려 아버님을 모셔올 준비를 서두를 때가 아닌가 싶습니다."

사임당은 이렇게 어머니를 위로했다.

"그래, 네 말이 옳다."

사임당의 어머니는 마을 사람 몇몇과 딸들을 동행하여 남편이 몸져 누워 있는 곳으로 향했다.

"어서들 서둘러 걸어라."

어머니는 마치 신들린 사람과도 같았다. 언제 몸과 마음이 지쳐 있었는가 싶게 빠른 걸음이었다. 어찌나 걸음이 빨랐던지, 동행한 마을 장정들마저 뒤를 따라가기가 어려울 지경이었다.

사임당은 저러다가 어머니까지 병을 얻게 되는 것이 아닌가 싶어 겁이 덜컥 났다.

"어머니, 좀 쉬었다 가시지요."

사임당이 말했다.

이때 어머니는 걸음을 멈추지도 않고 사임당을 돌아보며 소리쳤다.

"이 철딱서니 없는 것아! 아버지의 목숨이 경각에 달려 있는데, 어찌 걸음을 멈출 수가 있겠느냐."

사임당은 얼굴을 붉혔다. 어머니로부터 철딱서니 없다는 말을 듣기는 처음이었다.

아버지의 목숨이 경각에 달린 터에 어찌 잠시라도 걸음을 멈출 수가 있단 말인가. 비록 어머니가 걱정되어 한 말이기는 했어도 사임당은 이때 크게 스스로를 부끄러워했다.

일행은 길을 재촉했다. 산을 넘고, 들판을 가로지르고, 내를 건넜다.

이윽고 아버지가 머물러 있는 주막에 이르렀다. 아버지는 가족들조차 알아보지 못할 정도로 위급한 상황이었다.

"아버님!"

"아버님!"

딸들의 간절한 부름에도 아버지는 아무런 대답이 없었다. 어머니는 넋을 잃고 서 있었다.

"이렇게 시간을 허비하며 있을 때가 아니다. 어서 집으로 모시도록 하자."

어머니의 지시에 따라 들것이 만들어지고, 이에 따른 간단한 준비가 취해졌다.

아버지는 하인들의 힘을 빌려 간신히 집에까지 옮겨졌다.

집으로 돌아온 아버지는 정신을 차리기는 하였으나, 얼굴은 시커멓게 타고 입에서는 계속 피를 토해냈다. 신열도 여전했다. 이마는 불덩이처럼 뜨겁고, 몸 전체는 비지땀으로 축축이 젖어 있었다.

이런 모습을 본 어머니와 딸들은 비로소 소리를 내어 통곡을 했다.

의원을 불러 진맥을 하고 백방으로 약을 써도 신열은 좀처럼 내리질 않았다. 이제 아버지의 생명은 하늘에 맡기는 수밖에 없었다.

사임당은 아버지의 이마에 송골송골 맺힌 땀을 닦아내며 소리 없이 울었다.

"울지 마라 인선아, 아버지는 곧 나으실 거야."

어머니는 사임당의 뺨에 흐르는 눈물을 닦아주었다.

그러면서 정신을 가다듬어야 하겠다고 생각했다. 이런 마당에 자기

마저 슬픔에 잠겨 있다가는, 정말로 남편이 죽고 말겠다고 생각했다.

'무슨 일이 있어도 남편을 살려야 한다.'

마음속으로 굳게 다짐했다.

그러나 다짐을 했지만 의원도 단념한 남편의 병을 무슨 수로 고쳐야 할 것인가를 생각하니 막연하기만 했다. 그때 문득 한 가지 생각이 떠올랐다.

'하늘에 기도해보자. 죽든 살든 하늘에 맡기고 온갖 치성을 드려보자!'

이렇게 생각한 어머니는 자리에서 일어섰다. 사임당도 울음을 멈추고 자리에서 일어서는 어머니의 모습을 쳐다보았다.

어머니는 무언가 비장한 결심을 하고 있는 듯하였다.

그 모습은 엄숙했다. 너무도 엄숙했기 때문에, 방 안에 있던 딸들은 말없이 어머니의 거동을 지켜보고 있었다.

어머니는 바깥으로 나가더니 뒷마당의 우물가로 갔다. 거기에서 냉수로 몸을 깨끗이 씻은 다음 뒷산으로 올라갔다.

그날부터 어머니는 정화수를 떠놓고 천지신명께 빌기 시작했다. 사임당은 멀리서 어머니의 뒷모습을 바라보면서 손을 모아 같이 빌었다.

어머니는 혼잣말로 조용하게, 그리고 정성 어린 마음으로 빌었다.

"천지신명님께 비나이다. 천지신명님께 비나이다. 남편의 병을 낫게 해 주십시오. 남편을 부디 살려 주옵소서."

어머니의 기도는 간절했고, 한 지어미로서 남편에게 바치는 정성 또한 대단했다. 같은 말을 밤이 새도록 되풀이하면서 빌었다.

이렇게 칠 일을 기도하기로 작정한 듯했다.

일곱 밤낮을 그 자리에서 먹지도 자지도 않고 천지신명님께 비는 것은 보통 정성으로는 엄두도 못 내는 일이었다. 사임당의 어머니는 오직 남편을 살리겠다는 한 가지 굳은 생각으로 칠일기도를 드리고 있는 것이다.

사임당은 매일 아침저녁으로 어머니의 모습을 살피기 위하여 뒷산으로 가보았다.

어머니의 모습은 말이 아니었다. 입술은 하얗게 타고 얼굴은 검은 기미로 까칠했다. 몸은 뼈만 앙상하게 남아 금방이라도 쓰러질 것만 같았으나 어찌하랴. 남편은 여전히 병상에서 헤어나지를 못하고 있었다. 펄펄 끓는 이마의 신열도 여전했고 가끔씩 정신을 잃고 헛소리마저 했다.

어느덧 칠일이 지났다. 어머니는 비틀거리는 걸음으로 산에서 내려와 다시 찬물에 목욕을 한 다음, 가슴에 장도를 품고 뒷산으로 올라갔다. 그리고 빌기 시작했다.

"천지신명이시여! 빌고 또 빌겠나이다. 남편의 병을 낫게 해 주십시오. 남편을 살려 주옵소서."

지어미로서 남편의 완쾌를 바라는 절규를 토해내며 가지고 간 장도를 뽑아 들었다. 장도를 빼어 든 어머니의 얼굴에는 단호하고도 비장한 결심이 서려 있었다. 식음을 전폐하고 칠일기도를 했기 때문에 몰골은 말이 아니었으나 눈빛만은 수정처럼 맑게 빛났다.

수정처럼 맑은 눈이 보석처럼 반짝였다. 한눈에 간절한 소망이 담긴 눈빛이라는 것을 느끼게 했다.

눈 깜짝할 사이였다.

오른손에 들고 있던, 날이 시퍼렇게 선 칼날이 왼손을 내리쳤다.

"으음……."

괴로운 비명과 동시에 새빨간 피가 튀었다. 순식간에 피가 땅을 물들였다.

"하늘이시여! 이 미천한 것의 소원을 들어 주시옵소서. 죽어가는 한 생명을 구해 주옵소서."

사임당의 어머니는 잘려진 손가락을 받쳐 들고 하늘을 우러러 외쳤다.

이 얼마나 간절한 소원인가. 그야말로 당신의 살점을 떼어 제물로 바치고자 하는 간절한 기도였다.

잘린 손가락에서는 피가 줄줄 흘러내렸다. 사임당의 어머니는 하염없는 눈물과 선혈을 뿌리며 애절한 기도를 멈추지 아니했다.

지성이면 감천이라 했던가.

잠시 후, 맑게 개었던 하늘에 난데없이 검은 구름이 모여들기 시작하더니 천둥과 번개를 동반한 소낙비가 쏟아지기 시작했다. 그러나 어머니는 쏟아지는 빗속에서도 기도를 멈추지 않았다.

　세상이 온통 천둥과 번개와 어머니의 기도 소리로 가득 찬 느낌이었다. 그것도 잠시, 언제 그랬느냐 싶게 온 천지는 맑게 개이기 시작했다. 사임당의 어머니는 자신이 긴 꿈을 꾸고 난 기분이었다. 그러고 나서 집으로 돌아왔다.

　사임당은 어머니의 손에 흰 무명천이 감긴 것을 보고 깜짝 놀랐다.

　'어머니!'

　사임당은 속으로 부르짖었다.

　지아비를 살리기 위해 손가락을 잘라 천지신명께 간절한 기도를 올렸음을 단번에 알 수 있었다. 그러나 사임당은 마음속으로 울었을 뿐, 동생들이나 마을 사람들에게 이 사실을 말하지 않았다. 왠지 그래서는 안 될 것 같았다.

　'아버님을 위하여 당신의 손가락을 잘라내신 어머님!'

　사임당은 어머니가 한없이 불쌍하다 싶으면서도 그지없이 자랑스럽게 여겼다.

　자신도 아버지를 위해 며칠 밤낮을 병간호에만 매달려 있었기 때문에 지칠 대로 지쳐 있었지만, 어머님의 정성에 비하면 아무것도 아니라고 생각했다.

　그 후로 사임당은 밤새도록 아버지의 병상을 떠나지 않았다.

그런 날이 며칠인가 지났다.

사임당은 잠을 못 자고 또 지쳐 있었기 때문에 자신도 모르게 눈이 스르르 감겼다. 앉은 채로 벽에 등이 닿으니 깜빡 잠이 들어 꿈속을 헤매고 있었다.

그것도 너무나 생생하게 외할머니와 함께 뒷산에서 봄나물을 캐고 있었다. 냉이와 달래가 어찌나 많은지 바구니에 철철 넘칠 지경이었다.

"인선아, 이제 그만 내려가자."

"할머니! 이렇게 많은데 좀 더 캐 가지고 가요."

"아니다, 빨리 내려가서 네 아버지에게 나물을 해줘야 하지 않겠니."

"예? 아버지는 아프시잖아요!"

"호호……. 네 아버지 병은 곧 낫는단다."

그때였다. 할머니의 말이 끝나자마자, 하늘에 갑자기 뽀얀 안개가 깔리기 시작하며 순식간에 온 천지가 안개 속에 묻혔다. 순간 곁에 있던 외할머니의 모습이 보이지 않았다.

사임당은 외할머니를 부르려고 했지만 이상하게도 소리가 나오질 않았다.

어디선가 외할머니의 목소리가 들려왔다.

"인선아, 인선아. 어서 내려가서 아버지께 나물을 해 드려야지."

그 목소리를 따라 고개를 돌려보니 외할머니는 보이지 않고 빨리 집에 내려가라는 말이 또렷이 들려왔다.

그래서 사임당은 안개 속을 뚫고 집으로 돌아왔다.

집으로 돌아온 후, 곧바로 나물을 만들었는데 이게 웬일인가. 나물이 밤알 크기만 한 환약 한 개로 변하는 것이 아닌가. 너무나 이상한 일이어서 그 약을 뚫어지게 보는데, 또 외할머니의 목소리가 들렸다.

"인선아! 그 약은 너의 효성과 네 어머니의 정성이 너무 극진하여 천지신명께서 주신 것이란다. 그러니 어서 아버지께 드리거라."

그 말을 듣고 얼른 아버지의 입에 약을 넣어드렸다. 그러자 아버지의 창백했던 얼굴에 생기가 돌기 시작하더니 벌떡 일어나시는 것이 아닌가.

"아버지!"

사임당이 놀랍고 기뻐 소리쳤다. 그러는 통에 사임당은 잠에서 깨어났다.

꿈이었다. 꿈치고는 너무도 생시 같은 꿈이었다. 사임당은 눈을 비비며 방 안을 둘러보았다. 어머니와 동생들, 그리고 마을 사람들이 아버지의 이마를 짚어보고 있었다.

"아, 아니, 이럴 수가……."

"왜 그러십니까?"

"신열이 내렸어요."

"그래요? 어디 한번 봅시다."

친척 어른께서 아버지의 이마를 짚어보고 나서 말했다.

"허 참, 신기한 일이구만. 조금 전까지만 해도 그렇게 펄펄 끓던 신열이!"

아버지의 신열이 내리고 얼굴에 생기가 돌기 시작했어도 사임당의 어머니는 걱정이 되는 모양이었다. 그래서 사임당이 어머니에게 말했다.

"어머님, 이제 너무 걱정 마세요. 아버님께서는 내일이면 틀림없이 일어나실 것입니다."

이 말에 주위에 모여 있던 마을 사람들은 물론 어머니까지 의아한 얼굴로 사임당을 바라보았다.

"네가 어떻게 그걸 알 수 있느냐? 그렇다면 오죽이나 좋겠느냐마는……."

어머니는 눈물을 글썽였다.

"아닙니다. 아버님께서는 어머님의 정성으로 반드시 일어나실 것이옵니다."

그러면서 사임당은 흰 무명천에 감긴 어머니의 손을 쳐다봤다. 그제야 방 안에 모여 있던 마을 사람들은 그 까닭을 알 수 있었다.

"어떻게 저럴 수가!"

"손가락을 자르다니!"

"음, 옛말에도 지성이면 감천이라 했지."

마을 사람들은 제각기 한마디씩 하며 어머니의 지성에 숙연해지는 모습이었다.

사임당은 꿈속에서 있었던 일을 말할까 하다가 그만두기로 했다. 왠지 말을 하면 꿈의 신통력이 어디론가 사라져버릴 것만 같은 생각이 들어서였다.

그날 밤은 마을 사람들과 함께 꼬박 새웠다.

첫닭이 울고, 새벽이 왔다.

이때 사임당의 아버지가 입을 움직였다. 이게 얼마 만인가. 가족들조차 알아보지 못하고, 물 한 모금 제대로 받아 넘기지 못했던 병자가 눈을 뜨고 말문이 트인 것이다.

"이제 내가 병이 나으려나 보다."

아버지의 입에서는 뜻밖의 말이 새어나왔다. 이 말에 방 안의 모든 사람이 깜짝 놀랐다.

"내가 너무 깊은 잠을 잤어!"

아버지는 이 말을 하고 나서, 다시 잠 속으로 빠져들었다.

'그렇지. 천지신명님께서 무심하실 리가 없지. 내 간절한 소망을 들어주신 거야.'

사임당의 어머니는 이렇게 생각했다.

'기적이 나타난 거야. 이게 모두 어머님의 정성이지. 어머님의 지극하신 정성이 없었다면 어찌 하늘에서 환약이 내려왔으라고. 역시 자랑스러운 우리 어머니!'

사임당은 어머니의 지성에 감탄했다.

'아버님! 어머님을 위해서라도 부디 일어나셔요.'

사임당은 마음속으로 부르짖었다.

사임당의 아버지는 이날부터 그 지독한 병마를 뿌리치고 일어날 수 있었다. 남편에 대한 지극한 정성이 마침내 죽어가는 한 생명을 구해냈던 것이다.

이로부터 강릉 고을에는 사임당의 어머니에 대한 소문이 널리 퍼졌다. 이 갸륵한 정성의 이야기는 마침내 조정에 알려지게 되었고, 나라에서는 사임당 어머니의 뜻을 높이 칭송하고 여러 사람이 이를 본받게 하기 위해 열녀정각을 세워 이씨 부인을 표창했다.

이런 일이 있은 후부터 사임당은 어떤 일에든 정성을 다하면 이루지 못할 것이 없다는 생각을 하게 되었다.

결혼과 아버지의 죽음

사임당은 19세 되던 해인 1522년, 이원수(李元秀)와 혼인하여 4남 3녀를 낳았다.

일찍이 이원수는 아버지가 24세의 나이로 돌아가시자 홀어머니 남양홍씨 슬하에서 성장하였다.

혼사를 앞둔 사임당에게는 이런저런 걱정이 많았다.

"내가 시집가고 나면 어머님을 이제 누가 모신다지?"

물론 동생들이 있기는 했지만, 이제껏 사임당은 어머니와 떨어져 산다는 것을 생각조차 해본 일이 없었다. 집안 일이 걱정이었다. 생각 같아서는 시집을 가지 않고 부모님과 함께 살고 싶었으나, 그렇게 하는 것도 불효가 아닐 수 없었다.

옛날서부터 세상에 태어난 것에는 네 가지 은혜가 있다고 했다.

부모 · 사회 · 나라 · 종교의 은혜가 그것이다. 이러한 여러 가지 은혜 가운데 가장 소중한 것이 부모의 은혜라고 사임당은 늘 생각해왔다.

모든 사람이 이 세상에 태어나게 된 것은 부모님이 계시기 때문이 아니던가. 아버지, 어머니가 아니면 세상에 태어나서 이렇게 곱게 자라지도 못했을 것이 아닌가.

어머니가 자식을 품에 품고 지켜주는 은혜, 자식을 낳을 때 임박해서 고통을 이겨내는 은혜, 자식을 낳고 근심을 잊는 은혜, 진자리 마른자리 가려 뉘시는 은혜, 어머니의 은혜가 어디 이뿐이던가.

불교에서 말하는, 자식 된 도리로서 왼편 어깨에 아버지를 업고 오른편 어깨에 어머니를 업고 가죽이 닳아서 뼈가 보이도록 세계 한가운데에 가장 높이 솟아 있다는 수미산을 백 번, 아니 천 번 돌더라도 그 은혜를 다 갚을 수는 없다고 사임당은 배워 알고 있었다.

그러나 어찌하겠는가, 어머니를 믿고 사랑하고 공경하는 마음은 한량없으나 사임당은 이즈음에 와서 하루도 마음 편할 날이 없었다.

부모의 마음 또한 아프기는 매한가지였다. 아들 삼아 길러온 사임당이었다. 막상 사임당을 출가시킬 생각을 하니, 마음 기쁜 것은 잠시뿐 휑한 가슴, 허전한 마음을 달랠 길이 없었다.

옛날 우리나라의 결혼 풍습은, 여자는 열한두 살, 남자는 열댓 살 때 벌써 혼례를 치르는 것이 보통이었다. 이렇게 결혼을 서두른 까닭은 고려 때부터의 일이었다. 고려 때 자주 우리나라를 침략해온 몽고족이 많은 처녀들을 잡아갔고 겁탈을 일삼았기에 서둘러 결혼을 시켰던 것이다.

또 조선 때도 나라에서 처녀를 뽑아 중국에 바치는 일이 있었고, 특히 연산군은 채홍사라는 관리들을 지방 곳곳에 파견하여 예쁜 처녀들을 뽑아갔다. 그렇기 때문에 딸을 가진 부모들은 항시 걱정이었다. "대궐에서 처녀를 뽑아간다더라." 하는 소문이 돌면 딸을 가진 부모들은 너나없이 혼례를 서둘렀다.

사임당의 경우도 마땅히 그랬어야 했겠지만 19세가 되도록 결혼을 하지 않은 것은 사임당의 부모가 사임당을 그만큼 사랑했기 때문이었다.

'저 애가 아들이었다면 얼마나 좋았으랴.'

사임당의 부모는 항시 이런 생각뿐이었다.

마침내 혼례 날을 하루 앞두게 되었다. 신랑감은 한양에 사는 이원수라는 사람이었다. 나이는 22세로 사임당보다는 세 살이 위였다.

6세 때 아버지를 여의고 홀어머니 밑에서 자란 이원수는 마음이 착할 뿐더러 이목구비가 수려한 사람이었다.

"형부 참 잘생겼다."

"키도 크고 참 좋은 분이신 것 같아, 언니."

동생들이 사임당에게 한 마디씩 했으나 당사자인 신부는 오직 부끄럽기만 할 뿐이었다.

사임당이 신랑 이원수를 처음 만난 것도 혼례 당일이었다. 지금과는 달리, 부모들끼리 중매하는 사람의 말을 듣고 혼사를 정하게 되어 있었기 때문에, 신부와 신랑은 미리 얼굴을 마주할 엄두조차 낼 수 없었다. 사임당은 아버지로부터 신랑 될 사람의 집안 내력이며 학문의 깊이, 성품 등을 전해들을 수가 있었을 뿐이었다. 그러니까 동생들이 형부 될 사람을 먼저 본 것이었다. 혼례 날에도 사임당은 신랑의 얼굴 한번 제대로 마주 보지 못했다.

지금도 그러하지만 더더욱 옛날에는 누구 집 환갑이다, 초상이다, 혼사다 하면 마을 사람들 모두가 함께했다. 기뻐해야 할 일에는 함께 기뻐하고, 슬퍼해야 할 일에도 함께 슬퍼하는 아름다운 풍속이 있었던 것이다. 사임당의 혼례 날은 마을 사람들의 공동 잔치라도 되는 것처럼 모두가 함께 참여하여 즐거워했다.

마침내 모든 사람의 축복 속에 사임당의 혼례는 무사히 끝났다.

기쁘기도 하고, 두렵기도 하고, 뭐가 뭔지 사임당의 마음은 그저 어리둥절하기만 했다. 이제부터는 새 출발인 것이다. 남편을 하늘같이 모시고 아들, 딸을 낳아 훌륭하게 길러내야 하는 새로운 생활의 시작이었다.

신방을 밝히던 촛불이 꺼지고, 신랑 신부의 첫날밤을 맞았다. 풍습대로 하자면 이제 사임당은 가마를 타고 신랑 이원수를 따라 한양에 있는 시댁으로 가야만 했다.

사임당으로서는 슬퍼해야 할지, 기뻐해야 할지 분간이 서지를 않았다. 남편을 맞이했다는 것은 기쁜 일이었으나, 부모와 떨어져 살아야 한다는 것은 슬픔이었다.

기쁨과 슬픔이 엇갈렸다.

아침상을 물리고 사임당의 아버지 신명화가 사위와 딸을 불러놓고 말했다.

"지난밤에는 좋은 꿈을 꾸었느냐?"

"예."

사위가 사임당을 돌아보며 말했다. 그러나 사임당은 부끄러운지 고개를 숙인 채 공손히 있었다.

"거참 다행이구나. 너는 남편을 하늘처럼 섬기고, 사위 자네는 아내를 자기 몸처럼 아끼며 한평생을 살아야 하느니라."

아버지는 이렇게 당부했다.

"명심하겠습니다. 장인어른."

이원수는 시원스레 대답했다.

"내가 자네에게 특히 일러둘 말이 있네, 사임당도 들어라. 내가 비록 여러 딸을 두었지만 맏이는 이미 출가했고, 이제 둘째 딸이 혼인을 했으나 나에게 아들이 없으니 둘째 딸이 이곳에서 부모를 모시게 하는 것이 좋을 것이라 생각하네. 그러니 자네는 집에 돌아가거든 집안 어른과 잘 의논해서 결정을 하도록 하게."

"예, 잘 알겠습니다."

사위 이원수는 그렇게 대답했다.

이렇게 해서 사임당은 혼인을 하고도 다시 친정집 강릉에서 어머니와

113

아버지를 모시게 되었다. 그래서 사임당과 이원수도 옛날 어머니와 아버지처럼 헤어져 살면서 남편 이원수가 한양과 강릉을 오가게 되었다.

"서방님, 시어머님께는 염치없게 되었으나, 서방님께서 그리 허락해 주시니 무어라 말씀드려야 할지, 그저 감사할 따름입니다."

사임당은 남편 이원수에게 정말 고마워했다.

"걱정 마시오. 어머님께는 내가 알아서 잘 말씀드릴 것이고, 나는 자주 당신을 찾도록 하겠소."

"정말 염치없습니다."

"원 별 말씀을 다 하시오."

이렇게 사임당과 이원수가 서로가 서로를 위하며 꿈 같은 신혼 생활을 보내고 있던 어느 날, 아버지 신명화는 한양으로 올라갈 채비를 하였다.

"나는 이제 한양으로 올라가야 하겠다."

아버지는 죽을 고비를 넘긴 사람답지 않게 건강이 매우 좋았다. 아버지가 가족들의 배웅을 받으며 한양으로 떠난 며칠 후에 이원수도 본가로 떠나야 했다.

"몸조심하시오."

이원수는 아내 사임당에게 몇 번이나 이 말을 했다.

"서방님도 몸조심하십시오. 그리고 시어머님께 서둘러 문안 여쭙겠다고 말씀드리고요."

아직 얼굴조차 모르는 시어머니였지만, 사임당에게 있어서는 친정어머니와 다르지 않았다. 평생 함께 살 남편을 낳아주신 시어머니에 대한 은혜는 친정어머니의 은혜와 조금도 다를 리 없었다.

사임당은 비록 혼례는 치렀으나, 생활이 변한 것은 아무것도 없었다. 다만, 그림을 그리고 글을 읽고, 글씨를 쓰는 생활만이 계속되었다.

그러는 동안 가을이 지나고 겨울이 왔다. 이 겨울과 함께 한양으로부터 날아든 소식은 초겨울 바람보다 훨씬 사나운 강풍이었다.

사임당의 아버지 신명화가 시름시름 앓다가 갑자기 세상을 떠났다는 청천벽력 같은 전갈이었다.

믿기지가 않았다. 건강한 모습으로 강릉을 떠난 지 불과 두어 달이 채 되지도 않았는데, 그 사이에 이런 일이 생기다니…….

사임당의 어머니는 땅을 치며 통곡했다. 강릉에서 한양까지는 머나먼 4백 리 길이었다. 단숨에 달려가고 싶었으나, 그것은 마음뿐이었다.

어머니의 통곡만이 4백 리 길을 먼저 달려가고 있었다.

사임당의 슬픔도 어머니 못지않았다. 너무나도 뜻밖의 슬픔이었다. 신혼의 꿈이 미처 가시기도 전에 닥친 슬픔을 이겨내기가 힘이 들었다.

호사다마라고 했던가, 혼례의 기쁨 뒤에 아버지의 부음이 뒤따른 셈이었다.

사임당은 어머니와 함께 한양 본가로 가서 아버지 신위 앞에 향불을 사르었다. 장례가 끝난 뒤였기 때문에 슬픔은 더욱 컸다. 어머니는 그치지 않는 애처로운 오열 속에서 아버지의 죽음을 슬퍼했다.

아버지의 나이 47세였다.

치마폭에 그린 포도송이

아버지의 3년상을 마치고 나서야 비로소 사임당은 시어머니께 신혼례를 올리기 위해 남편을 따라 한양으로 올라가게 되었다.

신행길을 떠나는 사임당을 앉혀놓고 어머니는 이런저런 당부를 잊지 않았다. 특히, 홀로된 시어머니를 성심을 다해 공경할 것을 몇 번씩이나 당부했다.

"부모에 대한 효도는 말로는 쉽지만 실천하기는 어려운 것이다. 아무쪼록 마음을 즐겁게 해드리도록 하고, 부모의 뜻을 어겨서는 아니 된다. 잠자리를 편안하게 해드리고, 음식을 정성껏 마련해드리도록 하거라. 몸이 편찮으실 때는 정성을 다해 간호해드리고, 무슨 일이건 언짢은 표정을 보여드려서는 아니 된다. 명심하도록 하거라."

"성심을 다해 모시도록 하겠습니다."

비록 신혼례를 올리기 위해 떠나는 길이기는 했지만 몇 달이 걸릴 수도 있었다. 더구나 이때 사임당은 해산달이 다 되어 만삭의 몸이었다. 그러니 한양 시집에서 아이를 낳게 된다면 생각보다 오래 걸릴 수도 있었다.

사임당의 한양 길은 생전 처음으로 겪는 먼 여행길이었다. 또한 홀몸이 아닌 만삭의 몸이었으므로, 여간 힘든 일이 아니었다. 머나먼 4백 리길, 걸어도 걸어도 끝이 없을 듯싶었다.

대관령을 넘으면서 문득 사임당은 돌아가신 아버지 생각을 했다. 새삼 저 세상으로 가신 아버지가 그리워졌다. 아버지가 이 고개를 넘으면서 강릉 처가댁으로 어머니를 만나러 내려오시고, 또 한양으로 올라가시고 했을 것을 생각하니 가슴이 뭉클해왔다.

'아버님!'

사임당은 마음속으로 아버지를 불러봤다. 숲속, 또는 나무 사이를 뚫고 금방이라도 아버지가 나타날 것만 같았다. 그렇게 어질고 자상하시던 아버지. 다정한 음성으로 여러 훌륭한 조상들의 이야기를 밤이 깊도록 들려주시던 것을 생각하니, 아버지의 사랑이 다시 가슴속에 와 닿는 것 같기도 했다.

한참 동안 아버지 생각을 하고 있던 사임당은 다시 한양 길을 재촉했다.

마침내 한양에 당도한 사임당은 처음으로 시어머니께 큰절을 올리고, 이웃들과 인사를 하게 되었다.

그곳 사람들은 이미 사임당의 뛰어난 그림 솜씨와 사람 됨됨이가 훌륭하다는 소문을 들어 알고 있었으므로 구경 삼아 모여들었다. 대부분 부인네들이었다.

"소문대로 얼마나 훌륭한 사람인지 얼굴이나 봐야지."

"그림을 그렇게나 잘 그린다지?"

"그림뿐이 아니고 글씨도 잘 쓴대요."

"학문도 깊다던데."

부인네들은 각기 한 마디씩 귓속말을 주고받았다. 그러나 사임당은 다소곳하게 앉은 채로 고개를 숙이고 있었을 뿐이었다. 이때 시어머니가 말했다.

"얘야, 왜 그렇게 앉아만 있느냐? 무슨 말이라도 해보거라."

"어머님, 강원도 산골짜기에서 처음으로 한양에 온 제가 할 말이 무엇이 있겠습니까? 앞으로는 어머님과 마을 어른들께서 모르는 일을 많이 깨우쳐주시기를 바랄 뿐입니다."

"네 말이 너무 겸손하구나."

사임당은 다소곳하게 앉아 고개를 숙였다. 이렇게 해서 사임당의 한양 생활은 시작되었다.

가족이라고 해야 시어머니와 남편, 사임당을 합쳐 세 식구였다. 시댁 살림은 그리 넉넉하지가 못했다. 그렇기 때문에 사임당은 아무 일이건 혼자 집안일을 도맡아 해야만 했다.

"살림이 넉넉지 못해 미안하구료."

남편 이원수는 아내를 고생시킨다고 항상 미안해했다. 그럴 때마다 사임당은 밝은 얼굴로 대답해주었다.

"가난한 것은 참을 수가 있습니다. 가난한 것이 무엇이 부끄럽고 수치스러운 일이겠습니까? 열심히 노력하면 가난은 반드시 벗어날 수가 있을 것입니다."

그래도 남편 이원수는 늘 사임당에게 미안한 마음을 갖고 있었다. 그런 모습을 보고 사임당은 이런 생각을 했다. 그것은 남편이 훌륭한 집안의 자손으로서 사람은 한없이 착하지만, 인정이 너무 많고 마음이 약해서 큰 인물이 되기에는 좀 부족하다고 생각했던 것이다.

그러나 사임당은 실망하지 않았다.

한 가지 걱정이 되는 것은 강릉에 있는 친정어머였다. 바쁘고 고달픈 생활 속에서도 강릉의 어머니 생각에 잠 못 이루는 밤이 많았다.

해산달이 가까워오고 있어, 지금 당장 강릉으로 달려갈 수도 없는 처지였다. 어머니를 그리워하는 시를 짓고, 수를 놓고, 그림을 그리는 일로 애써 마음을 달래도 보았으나, 어머니를 향한 그리움은 여전했다.

남편이 아내 사임당의 마음을 모를 리가 없었다.

"아이를 낳게 되면 강릉으로 돌아가도록 하시오."

사임당은 이런 남편이 고마워 더욱더 시어머니를 모시는 일에 소홀

함이 없었다.

어느새 이웃 사람들의 입에 사임당의 효심에 대한 소문이 퍼져나갔다.

"그 댁 며느리는 어떻게 그리도 착할 수가 있을까?"

"며느리 한번 참 잘 들어왔어."

"그게 복이지."

사임당은 남편에게도 좋은 아내였다. 사임당의 남편 또한 어진 사람이어서 아내의 뜻이 옳으면 잘 따라주었다. 그랬기 때문에 가족들은 가난했지만 항상 행복했다.

얼마 후, 가족이 한 사람 더 늘었다. 마침내 사임당이 아들을 낳은 것이다.

"친정어머니가 아시면 얼마나 기뻐하실까."

친정어머니는 딸만 다섯을 두었기 때문에 늘 조상에 대한 면목이 없다고 했었다.

"고생하셨소."

남편은 이제 아버지가 된 것이었다. 사임당 또한 어머니가 되었으니, 스스로 생각하기를 세월은 참 빠르다고 생각했다. 사임당은 맏아들 이름을 '선'이라고 지었다.

몸조리를 끝낸 다음, 강릉 친정어머니께 돌아갈 날만을 기다리고 있었다.

그러던 어느 날이었다. 이웃집 아낙네가 울상이 되어 사임당을 찾아왔다. 마을 잔치에 갔다가 옆 사람이 치마에 국을 쏟아 그만 얼룩이 보기 흉하게 지고 말았다는 것이다.

"이걸 어쩌지요? 그나마 빌려 입은 치마를 이 지경으로 만들어 놓았으니……."

그 아낙네의 집은 가난하여 변변한 옷 한 벌도 없었다. 그래서 사정사정하여 남의 치마를 빌려 입고 왔는데, 옆 사람의 실수로 치마가 못쓰게 되어버린 것이었다. 그렇다고 새로 치마를 사서 돌려줄 형편은 못되었다.

"큰일 났네."

아낙네는 발만 동동 굴렀다.

딱한 사정에 처한 아낙네를 보다 못한 사임당은 곰곰이 생각했다. 그렇다고 사임당에게도 아낙네에게 선뜻 내어줄 옷감이 없었다. 그러는 사이 몇몇 여인네들이 아낙네를 위로하기 위하여 사임당의 집으로 모여들었다. 그러나 모두들 혀만 쯧쯧 찰 뿐, 이러지도 저러지도 못하고 있었다.

이때 사임당에게 한 가지 기발한 생각이 떠올랐다.

"아주머니, 그 치마를 벗으셔요."

아낙네는 물론 몇몇 부인네들도 사임당의 말뜻을 쉽게 알아듣지 못했다.

122

"치마를 벗어서 방바닥에 펴 놓으셔요."

아낙네는 무슨 까닭인지도 모르면서 사임당이 시키는 대로 치마를 벗어 방바닥에 펴 놓았다. 그러자 사임당은 치마 위에 붓으로 그림을 그리기 시작했다. 포도송이 그림이었다.

모두들 사임당의 이런 엉뚱한 짓에 놀라면서 치마 위에 포도송이가 매달리는 것을 보고 입을 다물지 못했다. 자연스럽게 뻗어나간 포도덩굴과 나뭇잎, 그 가지에 주렁주렁 매달린 포도송이. 마치 그것은 나무에 매달린 포도송이처럼 먹음직스럽기까지 했다.

그림을 다 그리고 사임당이 말했다.

"이걸 가지고 시장에 나가서 파십시오. 분명히 사려는 사람이 있을 테니 이걸 팔아 옷감을 사셔요."

어리둥절해진 아낙네는 사임당이 시키는 대로 포도송이가 그려진 치마폭을 들고 시장으로 달려갔다. 그리고 치마폭을 펼쳐들고 소리쳤다.

"이 치마를 사십시오. 포도송이가 그려진 그림입니다."

잠시 후에 깜짝 놀랄 일이 벌어졌다. 많은 사람들이 다투어 서로 그 치마를 사겠다고 아우성들이었다.

"내가 사겠소."

"아니오. 그림 값을 더 줄 테니 내게 파시오."

결국 치마는 옷감을 사고도 돈이 남을 만큼 비싼 값에 팔려 나갔다.

아낙네는 떨 듯이 기뻐 사임당에게 달려갔다.

"비싼 값에 그림 치마가 팔렸습니다."

아낙네는 사임당 앞에 치마 판 돈을 모두 꺼내놓았다.

"이 돈으로 옷감을 사서 치마를 빌린 사람에게 돌려주시오. 그리고 남는 돈은 살림에 보태 쓰시고요."

사임당은 그 돈을 모두 아낙네에게 돌려주었다. 가난한 아낙네가 사임당에게 탄복했음은 물론이었다. 이를 보아 사임당의 그림 솜씨가 얼마나 뛰어났던가를 잘 알 수가 있다.

우리나라의 각종 설화·시화 등을 모아 해설을 붙인 《패관잡기》라는 역사책에서는 사임당의 그림을 이렇게 평가하고 있다.

"사임당은 어릴 때부터 그림 공부를 했고, 그녀가 그린 포도와 산수화는 너무나 뛰어나서 모든 사람들이 말하기를 안견 버금가는 그림이라고 했다. 여자의 그림이라고 하여 어찌 무시할 수가 있겠는가?"

숙종 임금은 어느 날 사임당이 그린 〈풀과 벌레〉라는 그림을 보고, "풀이며 벌레가 어찌 이다지도 모양이 실물과 같을 수 있을까? 부인이 그려 낸 것이 이다지도 오묘하여 병풍으로 만들어 대궐에 쳤네."라고 하였다.

또 이런 일도 있었다.

혼례를 올리고 남편 이원수만 한양 본가로 올라가게 되었을 때, 사임당은 이때 죄송한 마음을 글로 써서 시어머니께 보냈다. 그렇지 않아도 며느리가 혼례를 하고도 오지 않아 섭섭히 생각하고 있었는데, 아들 이원수가 들고 온 며느리의 글을 받아 읽은 시어머니는 섭섭히 생각했던 마음을 눈 녹이듯이 녹일 수가 있었다.

'어쩜 글솜씨가 이렇게 훌륭할 수가 있을까? 우리 집안에 큰 보물이 들어왔구나. 지금 당장이라도 며느리를 보고 싶은 마음은 한량없으나, 제 어머니에 대한 효성이 그러하니 내가 좀 참아야지 어쩌겠나.'

편지 한 장으로 시어머니의 마음을 누그러지게 할 수 있었던 사임당의 타고난 글재주 또한 그림에 뒤지지 않는 것이었다.

강릉 친정집으로 돌아온
사임당

아들 선이 무탈하게도 첫돌이 지난 이듬해, 사임당은 남편과 함께 강릉 친정집으로 돌아왔다. 한양으로 올라갈 때는 사임당 부부 두 식구였으나, 이번에는 맏아들 선(璿)까지 세 식구였다. 식구 하나가 늘어난 셈이었다.

선의 외할머니인 사임당 어머니의 기쁨은 헤아릴 수 없이 충만했다.

"그 녀석, 참 잘도 생겼구나. 부지런히 자라서 훌륭한 사람이 되어야지."

꾸밈이 없는 외할머니의 소망이었다. 비록 외손주였지만 집안의 보물과도 같은 존재였다.

그러나 외할머니의 이러한 소망과는 달리 그의 생애는 매우 불행한 편이었다.

선의 나이 32세 때 열세 살이나 아래인 선산 곽씨라는 여자를 아내로 맞이했다.

어릴 때부터 어머니에게 글을 배워 과거에 응시했지만 뜻을 이루지 못하다가 41세에 가까스로 진사 시험에 합격했다. 그 후 47세 때 종9품 벼슬인 참봉에 올랐다. 그러나 불행하게도 벼슬에 오른 지 몇 달이 안 되어 병을 얻어 그만 세상을 떠났다.

아무튼 선의 출생은 시댁, 친정 양쪽 집에 큰 기쁨이었던 것은 틀림 없었다.

사임당은 한양에서의 살림보다는 강릉 친정집에서의 생활이 더 즐거웠다. 마음 놓고 그림을 그릴 수가 있어 좋았을 뿐만 아니라, 천성적으로 번화한 한양보다는 조용하고 아름다운 시골 분위기가 더 좋았다.

그런대로 즐겁고 평화로운 나날을 보내던 사임당은 어느 날 한 가지 결심한 바가 있어 남편과 마주 앉았다.

"한 가지 부탁이 있습니다."

사임당이 먼저 입을 열었다.

"무엇인지 말해보시오."

남편 이원수는 아내가 무슨 부탁이 있어 저러는가 싶어 사임당의 얼굴을 쳐다보았다.

"말씀드리기 전에 꼭 들어주신다는 약조부터 해주셔야 합니다."

"무슨 부탁인지는 모르겠으나 내가 할 수 있는 일이라면 들어주지 않을 까닭이 없지 않소. 어서 말해보시오."

남편 이원수는 갑자기 아내의 부탁이란 것이 무엇일까 궁금해졌다.

"그럼, 말씀드리겠습니다."

사임당은 결심한 바를 남편에게 말했다.

"우리가 이렇게 즐겁고 평화롭게 지내는 것도 좋지만, 장부는 장부가 가야 할 길이 따로 있지 않나 생각됩니다."

"대체 무슨 말을 하려고 그러시오."

"서방님과 저는 앞으로 10년간을 기약하고 헤어져서 살면 어떨까 생각되옵니다."

사임당은 결심한 바를 거침없이 남편에게 말했다. 사임당의 생각으로는 남편은 나무랄 데 없는 집안의 자손으로 학문도 있고 어질기는 하지만, 마음이 여린 것이 흠이었다. 그리고 학문이 있다고는 하지만 아직 깊은 경지에까지는 이르지 못하고 있다고 판단되었다. 실로 학문적인 면에서나 예술적인 재능 면에서 깊은 경지에 놓여 있던 사임당의 눈에 남편은 여러 가지로 부족한 점이 많았다.

비록 나이는 사임당보다 세 살이 위였으나, 생각하는 바는 사임당을 따르지 못했다. 그렇기 때문에 남편의 앞날을 위해 학문에 전념할 것을 간곡히 권하게 된 것이었다.

"그러니 10년 동안만 학문에 전념하면 뒷날의 자손들에게도 부끄럽지 않게 될 것입니다."

"10년 동안이나……."

남편은 말끝을 흐렸다. 10개월도 멀다 싶은 터에 10년씩이나 떨어져 살아야 하다니, 아무리 학문이 중하다고는 하지만 아무래도 망설여지는 것이었다.

"다른 일이라면 몰라도 그런 약속만은……."

"물론 당신에게나 제게나 어려운 일인 것만은 틀림없습니다. 그러나 우리가 세상에 태어나 인격을 닦지 못하고, 또 학문에 소홀히 한다면 조상님들에게는 물론 뒷날 자식들에게도 얼굴을 들지 못하게 될 것입니다. 부족한 학문으로 어찌 자식들을 훌륭하게 키울 수가 있겠습니까?"

"……."

"그러니 우리가 서로 헤어져서 10년 동안 학문을 더 닦은 후에 다시 만나도록 합시다."

남편 이원수는 한숨만 나왔다.

아내 사임당의 말이 조금도 틀린 말은 아니었다. 그렇지 않아도 아내를 소중히 여기는 한편 자신의 부족함을 느끼고 있었는데, 아내로부터 이런 말을 듣고 보니 부끄럽기까지 하였다.

"당신 말이 옳기는 옳소."

이런 말밖에 달리 할 말이 없었다.

"그러시다면 내일 당장 한양으로 떠나십시오. 그리고 사소한 이곳 일은 잊으시고 학문에만 몰두하십시오. 10년 세월이 길다고 생각하면 긴 것이지만, 짧게 생각하면 아무것도 아닙니다."

"그렇다면 내 약속하겠소. 그런데 아무래도 당신과 헤어져 있게 된다
는 것이……."

"저도 그러하옵니다. 어찌 옆에 서방님이 계신 것만 하겠습니까. 그러
나 훗날을 위한 일이니 어쩌겠습니까. 집안일은 제가 수습해나갈 것이
니 염려 마십시오."

"알았소."

마침내 이원수는 아내의 뜻에 따르기로 했다.

다음 날, 사임당의 남편 이원수는 아내와 굳은 약속을 하고 집을 떠
났다.

"부디 성공하셔서 돌아오십시오."

"알겠소, 10년 후에 다시 만납시다."

그러나 길을 떠난 이원수는 이십 리도 못 가서 온몸에 힘이 빠졌다.
사랑하는 아내와 10년 동안이나 헤어져 살아야 할 생각을 하니, 만사가
다 귀찮아지는 것이었다.

'학문이 어찌 아내보다 소중할 수가 있을까? 나는 아내 곁으로 돌아
가야 한다.'

이원수는 이내 마음이 변하고 말았다. 부인과 약속은 했지만, 원래 마
음이 모질지 못한 성격 탓에 아내가 있는 강릉으로 발길을 되돌리고 말

았다.

집을 떠난 남편이 되돌아오자 사임당은 깜짝 놀랐다. 그리고 어이가 없었다.

"웬일이십니까?"

"아무리 생각해봐도 당신 없이는 학문이 이루어질 것 같지 않소. 그래서 되돌아온 것이오."

이원수는 이런 핑계 같지 않은 핑계를 댔다.

"어찌 결심이 하룻밤 사이에 허물어질 수가 있습니까?"

사임당은 크게 실망했다. 그러나 결심한 바를 꺾지 않았다.

"내일 날이 밝으면 다시 떠나십시오."

결국 이원수는 다음 날 새벽, 쫓겨나가다시피 다시 길을 떠났다. 아내의 결심이 그러하니 다른 방법이 없었다.

이날도 길을 걸으면서 아내 생각만을 했다. '이래서는 안 되지.' 하고 생각은 하면서도 자꾸만 아내의 얼굴이 떠올라 발길이 옮겨지지 않았다.

겨우 대관령 밑 가맛골이라는 마을에 다다른 이원수는 그곳에서 더는 걸을 수가 없었다. 어제보다 십 리는 더 걸은 거리였다. 그는 발길을 돌려 또다시 북평마을 처가로 돌아왔다.

두 번째 돌아온 남편에 대한 사임당의 실망은 이만저만이 아니었다. 한편으로는 남편 못지않게 마음이 괴로웠다. 남편의 마음이 오직 자기에게로만 쏠리고 있기 때문에 그러한 것이었다. 이것은 남편이 나약한 때문이기도 할 것이고, 인정이 많기 때문이기도 할 것이었다.

그렇다고 남편의 약한 마음에 이끌릴 수도 없는 노릇이었다.

"내일 새벽 다시 떠나도록 하십시오."

사임당은 마음이 아팠으나 단호하게 잘라 말했다.

"반드시 헤어져 지내야만 글공부가 되는 것은 아니지 않소. 그러니 당신 곁에 있으면서 열심히 글공부를 하도록 하겠소."

"그건 아니 되옵니다. 학문은 그런 것이 아닙니다. 가족을 잊으시고 약속한 대로 당당히 장부의 길을 걸어주십시오."

사임당은 사정하는 남편을 단호하게 뿌리쳤다.

이렇게 되니 사임당의 남편도 어쩔 수가 없었다.

"알겠소."

마지못해 이렇게 대답했다.

다음 날 새벽, 이원수는 또다시 집을 나섰다. 그러나 이번에도 이원수는 대관령 고갯길에서 걸음을 멈추고 말았다. 대관령 고개를 넘어버리면서 다시 아내를 만나지 못할 것 같은 기분이 들었다. 그래서 또다시 저녁 무렵에 처가로 되돌아오고 말았다.

남편을 대하는 사임당의 표정은 굳어 있었다. 그녀는 굳은 표정으로 이렇게 말했다.

"정 그러시다면 좋습니다."

이 말에 남편은 비로소 아내인 사임당이 마음을 고쳐먹은 것으로 생각했다. 그러나 그것이 아닌 것을 잠시 후 깨달았다.

"서방님께서는 남아 대장부로서 아내인 제게 약속을 하시고도 세 번씩이나 이렇게 되돌아오시고 말았습니다. 그러니 제가 누구를 의지하며 한평생을 살아야 한다는 말입니까? 서방님만을 하늘처럼 받들고 살아가는 저로서도 이제 더는 희망을 가지지 않겠습니다. 세상을 어찌 희망도 없이 산다는 말입니까? 저는 내일이라도 머리를 자르고 입산하여 중이 될까 합니다."

사임당은 가위로 자신의 머리를 자르려고 했다. 그러자 남편이 놀라 아내의 손에서 가위를 빼앗았다.

그러고는 크게 반성하는 빛으로 이렇게 말했다.

"약속한 대로 한양으로 올라가겠소. 당신이 입산하여 중이 된다면 나또한 세상을 어찌 살 수 있겠소. 그러니 고정하시오."

비로소 남편은 사임당의 깊은 뜻을 헤아리고 다음 날 한양길을 재촉했다.

이렇듯 사임당은 남편에게 있어서도 스승과 같은 아내였다.

사임당의 이러한 정신은 '맹모삼천'의 가르침을 떠올리게 한다.

맹자의 어머니가 맹자를 가르치기 위해 세 번이나 이사를 해야 했는데, 처음 공동묘지 근처에 살았더니 맹자가 매일 장례 지내는 흉내를 내면서 놀았다. 안 되겠다 싶어 이번에는 시장 근처로 집을 옮겨 살았다.

그랬더니 다시 장사꾼 흉내를 내는 것이었다. 그래서 이번에는 글방 근처로 집을 옮겼더니 글공부하는 흉내를 내어, 그곳에서 오랫동안 살았다는 이야기가 맹모삼천의 교훈이다.

결국 남편은 사임당의 곁을 떠나 한양에서 열심히 학문을 닦았다. 그러는 동안 아내가 못 견디게 그리워 당장이라도 달려가고 싶을 때가 한두 번이 아니었으나 그때마다 꾹 참았다.

1년이 지나고, 2년이 지났다. 아내가 너무 보고 싶을 때는 편지를 쓰기도 했다.

이때마다 사임당은 회답을 보내왔다. 아무쪼록 뜻을 굽히지 말고 10년 후에 돌아오기를 기다린다는 내용이었다.

혹시나, 혹시나 했던 기대가 번번이 물거품으로 돌아갔다.

또 1년이 지났다. 마침내 3년 동안 학문에만 전념하던 이원수는 사임당이 그리워 더는 견딜 수가 없었다. 이만하면 되지 않았는가 싶은 생각이 들기도 했다.

남편이 3년 동안 한양에서 학문을 닦는 동안, 사임당도 열심히 그림을 그리고 글을 읽었다. 뿐만 아니라, 바느질이며 수를 놓는 일에 게으름이 없었다.

'어찌 남편을 학문의 길에 보내놓고 자신은 허송세월로 보낼 수가 있을까.'

지금쯤 남편이 글을 읽고 있겠다 싶으면 사임당 또한 글을 읽었고,

그림을 그렸다. 또한 10년 후에 돌아올 남편을 생각하며 마음 설레기도 했었다.

이원수는 앞으로 7년이란 세월을 아내 사임당과 떨어져 있을 생각을 하니 눈앞이 캄캄해왔다.

이원수는 고민하기 시작했다. 책을 읽어도 머릿속에 들어오지 않았다. 혼인을 하고 함께 산 세월은 채 1년도 되지 못한 형편이었다. 그러니 아내가 더욱 그리울 수밖에 없었다.

이윽고 이원수는 강릉으로 내려오고 말았다. 10년을 채우지 못하고 돌아온 것이다.

사임당은 겨우 3년을 보내고 돌아온 남편을 보고 낙심을 했으나, 그렇다고 또다시 남편을 쫓아 보낼 수는 없었다.

사임당 또한 남편이 그립지 않았던 것은 아니었다. 모두가 남편을 위해서 계획된 일이었던 만큼 남편의 뜻이 그러하다면 어쩔 수가 없는 일이었다.

그러니 이원수가 나중에 수운판관이란 벼슬자리에 오르게 된 것도 아내 사임당의 덕택이라 할 수가 있다. 수운판관은 조선시대 세금으로 걷은 곡식 따위를 서울로 실어 나르던 일을 맡아보던 '전함사'에 속한 벼슬이다.

제3부_____
신사임당의 자녀들

사임당의 맏아들,
이선(李璿)

신사임당은 덕수 이씨 원수(元秀) 공에게 출가하여 네 아들과 세 딸, 합하여 7남매를 낳았다. 맏아들의 이름은 선(璿)이요, 자는 백헌(佰獻)이요, 호는 죽곡(竹谷)으로 곧 율곡의 맏형이다.

일찍이 중종(中宗) 19년(1524) 9월 한성(漢城)에서 태어났는데 이때에 아버지의 나이는 24세, 어머님 신사임당의 나이는 21세이며, 율곡 이이보다는 12세 위다.

어려서부터 가정에서 학문을 익혀 여러 차례 과거에 응했으나 뜻을 이루지 못하다가 41세 되던 해 가을에 처음으로 진사(進士)에 오르니 이때에는 아우 율곡이 29세 때의 일이요, 율곡이 생원(生員)·진사(進士)·명경급제(明經及第)하여 호조좌랑(戶曹左郞)이 되던 해이니 자못 아우에게 뒤진 점이 없지 않았다.

더구나 진사에 오르고도 벼슬은 얻지 못하고 있다가 6년 뒤인 47세 되던 해(선조 3년, 1570)에야 서울의 남부(南部) 참봉(參奉)이 되었는데 그나마도 몇 달이 채 못 되어 그해 8월에 세상을 떠나 버린, 참으로 불행한 인생을 살았다.

그래서 율곡(당시 35세)은 형의 관을 붙들고 친히 제문을 지어 읽으면서 눈물을 걷잡지 못했고, 또 친히 묘지명까지 지었던 것이다.

더구나 죽곡은 결혼한 것도 보통 경우보다 아주 늦어서 32세가 되어서야 장가를 들었다. 그래서 결혼 생활을 한 지 겨우 15년밖에 안 되었는데, 그렇게 늦게 결혼한 것에는 반드시 무슨 곡절이 있었으련만 전혀 알 길이 없다.

다만 지금 나와 있는 문헌 중에서 아버지 원수 공이 그에게 보낸 편지 속에 "너의 부증(浮症)이 아직 차도가 없다니 참으로 걱정스럽구나." 한 구절이 있음을 보아서 혹시 평소에도 무슨 질병이 있지 않았던가 생각된다.

죽곡의 부인은 선산(善山) 곽(郭)씨로 전습독(前習讀, 훈련원의 종9품 벼슬) 연성(蓮城)의 딸인데, 집은 충청도 회덕이었고, 나이는 부군보다 13세 아래였다.

죽곡이 별세한 지 7년째 되는 해에 율곡은 42세였는데, 그해 정월에 율곡은 모든 관직을 사퇴하고 해주(海州) 석담(石潭)에 은거해 있었다. 그때 율곡은 거기에 맏형님의 사당을 세우고 멀리 회덕으로부터 형수 곽씨로 하여금 맏형의 신주를 모시고 그곳으로 오게 하여 매양 제사를 주장하게 했다.

그러다가 다시 3년이 지난 뒤 율곡이 45세 되던 해 겨울 12월에 대사간(大司諫)으로 입직하게 되어 서울로 올라온 뒤로 다시 내려가지 못하게 되었다. 그 이듬해에 형수 곽씨도 식구들을 거느리고 모두 서울로 올라와 살며 오고 가는 일에 언제나 시동생 되는 율곡의 말대로 행했던 것이다.

그러나 곽씨 부인도 또한 박명하여 서울로 올라온 그 이듬해 선조 15년(1582) 8월에 세상을 마저 떠나니 나이 46세 되던 해였다.

이렇게 형수를 잃어버린 율곡은 슬픔을 금하지 못했다. 맏형의 불우한 뒤를 이어 청춘 과부로 어린 자식들을 데리고 의탁할 곳이 없었던 형수를 가엾게 여겨 그 유가족을 정성껏 돌보아 왔는데, 그 형수마저 세상을 떠나니 인생의 무상함을 뼈저리게 느꼈던 것이다.

그래서 율곡은 형수 곽씨의 관 앞에서 친히 제문을 지어 눈물로 읽었다.

아들딸들 울부짖는데

귀가 있어도 듣지 못하네

가신 봉(鳳)을 따르는 황(凰)이여

어지러운 세상 영영 가시네.

141

이리하여 죽곡 내외는 모두 세상을 떠나고 다만 경진(景震), 경항(景恒) 두 아들 그리고 두 딸이 남아 있었다.

이처럼 죽곡과 그의 부인은 둘 다 불우하고 불행한 일생을 보냈다. 그러나 다시 한편으로 그가 남긴 문품을 통하여 보면 그가 학문을 결코 소홀히 하지 않았으며 더욱이 그의 인품과 성격 역시 높고 깨끗한 분이었음을 알 수 있다.

죽곡의 유고(遺稿)는 현손 신(紳)의 시대에 와서 편집되었고, 거기에 현석(玄石) 박세채(朴世采)가 발문을 쓴 것은 숙종(肅宗) 13년(1687)이었으니 죽곡이 별세한 지 170년 뒤였다.

이제 와서는 그의 유고조차 전하지 아니하고, 다만 몇 개의 문품만이 단편적으로 전하고 있다. 특히 〈지낭부〉 같은 글에서 그의 인품과 성격과 학문의 깊이의 한 끝을 살펴볼 수 있음이 또한 다행이다.

지금 두 분 내외의 합장한 무덤은 파주군 천현면 동문리 자운산(紫雲山) 밑 어머님 신사임당의 무덤과 아우 율곡의 무덤과 함께 같은 장소에 나란히 묻혀 있다.

다음은 죽곡의 〈지낭부(智囊賦)〉라는 시다.

〈지혜 주머니〉

베와 비단 농 속에 쌓아 둠이여

옷 만들어 입으면 헤어져 다하리로다

밥과 양식 자루 주머니에 갖춤이여

풀어내어 먹으면 이어대기 어렵도다

오직 지혜를 감추어 주머니를 만드오면

무궁무진 기모한 술책 거기 가득 차

본체는 비록 한 몸뚱이 속에 서려 있어도

쓰임은 천지 사방에 퍼지리로다

하늘과 땅을 그 속으로 들여 넣음이여

우주를 온통 주머니로 휩싸나니

어찌 저 곡식 비단으로야 비기리요

어허! 많고 넉넉하여 널리 베풀매

끊임없이 내고 들임 헤아리기 어려워라

안에선 마음을 운용하고

밖으론 눈과 귀로 살필 수 있도록 갖추었나니

말 없는 속에서도 남의 뜻을 엿봄이여

안 뵈는 거기서도 모든 물정 헤아리도다

세상 이치 좋고 궂음 찾아냄이여

화와 복의 이롭고 해로움도 살펴 알도다

내게 있어선 한 몸뚱이 보양함을 도모할러니

천하에 대해선 만세의 행복을 기약하도다

그러나 지극히 교묘한 자는 도리어 용렬할런가

지혜 없는 자에게 패하지 않은 이 드물었나니

부질없이 사휼한 술책이나 힘씀이요

어찌 꾀가 갖추이지 못함을 걱정하리요

바른 길에 어긋남을 숨겨 둠이여

마땅히 화와 재앙을 부름이로다

옛 역사에 성공 실패한 일이 생각남이여

저 조조(晁錯)¹⁾의 중상 입음 슬퍼하나니

임금과 신하가 만남에 있어

충성을 바치고 옳은 계책 드렸도다

---

1) 조조(晁錯): 옛날 중국 고대 서한(西漢)의 넷째 임금인 경제(景帝)가 태자로 있었을 적에
조조(晁錯)가 태자가령(太子家令)이 되어 지혜와 모책이 많으므로 호하되 지낭(智囊)이
라 하였다. 뒤에 경제(景帝, B.C.156-B.C.141)의 신하로 어사대부(御史大夫)가 되었는데
그때 주위에 있는 봉건제후들이 점점 커서 발호하므로 그들의 영토 삭감하기를 주장하
여 그 때문에 사방에서 원망을 사게 되자 그 아버지가 조(錯)를 꾸짖은즉, 조(錯)는 "이러
지 아니하면 한(漢)나라 왕실이 편안하지 못합니다." 하므로 아버지는 탄식하되 "한(漢)
나라 왕실은 편안하나 조(晁)씨는 위태롭다." 하였다. 뒤에 오(吳), 초(楚) 등 일곱 나라가
반란을 일으켜 조(錯)의 목을 베겠다 하자 조(錯)의 원수였던 원앙(袁盎)이 이것을 기회
로 경제(景帝)에게 극력으로 아뢰어 조(錯)를 죽이고야 말았다.

위를 섬김에 꾀와 지혜 다함이여

오직 나라 있음만 알고 제가 있음 몰랐나니

위에서 호를 주심이여 그 이름 지낭(智囊)이라

더욱 더 충성을 다하기에 간절했을 뿐

매양 제 생각 더 깊지 못함을 걱정하고

제 꾀가 더 훌륭하지 못함을 염려했도다

온갖 혐의 안 피하고 방책을 세움이여

과감히 나서서 나라 후환 없애려고

일곱 나라에 도전하여 화를 만듦이여

마침내 참소의 칼날에 죽음을 당했도다

슬프다! 저 사람의 어리석음이여

도덕을 숭상함에 어두웠구나

한갓 지혜의 가상한 것만 알고

바른 길로써 제 몸 닦지 못했나니

계책도 못 행하고 죽임만 입었으매

어찌 저 지혜 주머니를 믿을 수 있으리

그러므로 군자의 통달하는 길은

바른 곳에 처하여 순리대로 함이 상책이로다

다만 쉬운 데 몸을 두고 천명을 기다릴 뿐

어찌 모함하여 요행을 바라리요

큰길을 따라 수행하고

마음을 안정시킴에 힘쓸지니

지혜를 숭상 말고 덕을 숭상하여

진실로 밝고 지혜로이 몸을 보전할지어다

이에 거듭 경계하노니

사흉한 지혜 실패하고

바른 지혜 복됨이여

사흉과 바름에 따라

잃고 얻음 게 있나니

어찌타 이를 보고

법칙 삼지 않으리요

갖고 버림 밝히 하여

끊임없이 힘쓸지어다.

신사임당의 만딸, 매창(梅窓)

신사임당의 어머니 이씨 부인이 그같이 학식이 높고 또 열녀요 효녀였기에 신사임당 같은 어진 부인을 낳았다고 했더니, 다시 또 신사임당이 그같이 덕행이 높고 학문이 깊고 그 위에 시와 글씨와 그림 등 예술에까지 능하여 온갖 것을 겸비한 부인이었기에 율곡과 같은 절세의 대학자를 낳았고, 또 옥산(玉山)과 같은 예술가와 매창(梅窓)과 같은 딸까지 낳은 것임을 보게 된다.

매창은 신사임당의 자녀 7남매 가운데 만딸로, 만아들 선(璿)의 다음으로 중종 24년(1529)에 나니 아버지 이원수는 29세, 어머니 신사임당은 26세 되던 해요, 오빠 선(璿)보다 다섯 살 아래며 율곡보다는 일곱 살 위다.

신사임당의 네 아들 중에서 셋째 아들 율곡은 그 어머님의 덕행과 인격과 학문을 전통 받아 확대시켰고, 넷째 아들 옥산은 그 어머님의 예술

147

적 재능을 계승했다고 볼 수 있다. 그리고 신사임당의 모든 장점을 골고루 받은 자식이야말로 이 맏딸 매창이라고 할 수 있겠다.

학식이 그러하고 인격이 그러하고 지혜가 그러하고 시와 글씨와 그림이 그러하고, 또 여자의 갖추어야 할 바느질과 자수에 이르기까지 온갖 것에 신사임당을 그대로 이어받았기 때문에 그야말로 또 한 번 '그 어머님에 그 딸'이라고 일컬을 만한 부인이 바로 매창이다. 그러므로 어느 의미에 있어서 매창은 '작은 사임당'이라고 할 만하다.

사임당의 막내아들 옥산의 8대손 되는 이서(李曙)의 〈집안에 전해 오는 서화첩 발문〉에 매창에 관한 내용이 나온다.

매창은 부녀자 중의 군자다. 일찍 어머님(신사임당)의 교훈을 받들어 여자의 규범을 좇았고, 그 재주와 학식이 보통 사람보다 지나쳐 깊은 지혜와 원려를 가졌던 이라 세상이 전하되, 선생(율곡)이 매양 의심하는 일이 있으면 나아가 물었으며 또 저 오랑캐 난리가 있을 것을 미리 알고 있었기 때문에 (모든 일에) 누님의 말을 많이 따랐다 하니 본시부터 천품도 훌륭했으려니와 교훈 받은 힘도 역시 큰 바 있었음을 숨길 수 없다.

요즘 우연히 선조의 옛 문적을 뒤지다가 수백 년 뒤에 문득 그 끼친 필적을 보매 시의 운치는 청신하며 그림 솜씨는 정교하여 그야말로 이른바 '이 어머님에 이 딸이 있다'는 그대로라. 그를 사랑하면 그 집 지붕 위에 앉은 까마귀조차도 사랑한다는 말과 같이 그 끼친 필적을 아끼는 생각이 일어나 그림은 옥산(玉山)의 조그마한 그림 오른편에 붙이고 시는 어머님 신사임당의 시구절 아래다 이어두거니와 그림은 무릇 여섯 첩이요, 시는 겨우 두어 편이언마는 한 점 고기로써 온 솥의 국 맛을 알 수 있는 격이라 구태여 많아야만 할까 보냐.

여기에 보면 매창은 첫째, 지혜가 출중하여 율곡에게까지 많은 가르침을 주었다는 것이다.

율곡이 죽기 전년인 48세 때 병조판서(兵曹判書)로 있을 적에 오랑캐 이탕개(尼湯介)의 무리들이 북방을 쳐들어와 국경을 어지럽게 한 일이 있었는데 그때 율곡은 누이 매창의 지혜를 빌려 큰 효과를 보았다고 한다.

율곡선생별집(栗谷先生別集) 다섯째 권《습유잡록(拾遺雜錄)》중에 정홍명(鄭弘溟)의《기암잡록(畸菴雜錄)》의 기사를 끌어다 채록한 것이 있는데 거기에도 이런 말이 적혀 있다.

율곡이 항상 그 누이에게 모든 일을 자문하는 것이었는데 계미(癸未)년 북쪽 오랑캐의 난리가 일어나자 군량이 군색하여 걱정함을 보고 그 누이가 율곡에게 이르되, 오늘 시급히 해야 할 일은 모든 사람으로 하여금 즐거운 마음으로 따라오게 하는 데 있고 그래야만 이 어지러운 판국을 건질 수 있을 것이다. 그런데 우리나라에서 남의 집 자식으로도 서자 계통이면 등용해주지 않고 그들의 길을 막아버린 지 이제 백 년이 넘는 동안에 모두들 마음에 울분한 생각을 참지 못하고 있는 터인즉, 이왕이면 그들에게 곡식을 가져다 바치게 하고 그 대신 벼슬길을 터준다면 사리에도 옳고 군량도 변통될 것이 아니겠느냐 하였다. 그래서 율곡도 그 말에 감탄하고 또 그대로 위에 계청한 일이 있었다.

또 현종(顯宗) 때 사람 묵치(黙痴) 신명규(申命圭)가 지은 〈조대남(趙大男, 매창의 부군) 묘지명〉 가운데도 이렇게 적혀 있다.

역사는 능히 경전과 사기에도 능통하며 사리를 널리 알기 때문에 율곡이 크고 작은 일에 매양 의심나는 일이 있으면 문득 여사에게 와서 자문하는 것이었다.

이런 기록들로 보아 매창이 남달리 높은 지혜와 식견을 가졌던 것만은 충분히 알 수 있겠다.

그리고 앞에 언급한 이서(李曙)의 기록에 의하면 "여사는 덕행과 지식과 지혜의 여성인 동시에 어머니 사임당과 같이 예술적인 재능도 가졌던 분이어서 시도 약간 편이 있고 그림도 여섯 폭이 남아오므로 사임당의 시와 옥산의 그림과 함께 합하여 서화첩을 만들어둔다"고 했는데, 지금 이서의 자손 되는 이의 집안에 그때의 서화첩이 그대로 전하기는 하되 그중에서 매창의 시는 불행히도 간 곳이 없어지고 다만 그림 여섯 폭만이 전하고 있다.

매창의 남편은 조대남(趙大男)으로 그는 본관이 한양(漢陽)이요, 고려 시대 증판중추원서(贈判中樞院事) 잠(岑)의 9대손이며, 나이는 부인보다 한 살 아래였고, 슬하에 3남 3녀를 두었다.

매창은 일찍이 23세 때에 친정어머님 사임당을 여의었고, 또 10년 뒤 33세 때 친정아버지 이원수를 여의었으며, 친정 오빠 선(璿)이 세상을 떠난 때는 매창이 42세 되던 해요 율곡이 별세한 때는 매창이 56세 되던 해인데, 그로부터 2년 뒤인 58세 때는 부군마저 57세로 세상을 떠났다.

그리고 다시 6년이 지난 선조 25년(1592) 임진왜란을 만나자 매창은 64세로 아들들(인(嶙), 영(嵘), 준(峻))을 데리고 원주 영원성(領原城)으로 피난을 갔다가 8월 25일에 성이 무너지므로 맏아들 인이 어머님을 업고 달아났으나 왜적을 피하지 못하고 몸으로써 어머님을 가리고 항거하였다. 마침내 적의 칼끝에서 매창과 맏아들 인(28세)이 한꺼번에 희생되고, 둘째 아들 영(21세)은 그 자리에 없었으며, 셋째 아들 준(20세)은 어머님과 맏형을 막아내다가 왜적의 칼에 쓰러졌으나 다행히도 나중에 깨어났다.

한편 율곡의 부인 노(盧)씨도 임진왜란이 일어나자 신주(神主)를 모시고 파주로 갔다가 5월 12일에 그곳에 있는 율곡의 무덤 앞에서 적을 호령하고 순절하였다.

이로 보면 율곡 자신은 일찍이 왜란이 있을 것을 걱정하여 10만 명의 군인을 양성해야 한다고 주장했던 채로 이미 8년 전에 세상을 떠났으나, 그의 부인과 누이(매창)와 누이의 아들들은 모두 이같이 왜적의 칼에 참혹한 희생을 당했던 것이다. 그러므로 우리는 율곡의 문중에 이같은 순국 의열이 있었던 것을 한 번 더 기억하지 않을 수 없는 것이다.

이렇게 순절한 매창의 무덤은 원주 석경촌에 묻힌 채로 전쟁 중이라 얼른 고향으로 옮겨 모시지 못했다가, 그로부터 11년 뒤 계묘(癸卯, 1603)년 봄에 와서야 둘째 아들 영이 비로소 파주 자운산에 모신 아버지 조대남(趙大男)의 무덤 북쪽 다섯 걸음쯤 떨어진 곳에 이장했다. 뒤이어 영 또한 세상을 떠나고 집안 형세마저 영락해져서 오랫동안 부부를 한 곳에 모시지 못했었는데 뒷날 자손들의 손에 의하여 마침내 합장하였다.

달과 매화 | 이매창, 조선/16세기, 지본수묵, 36.1×25.2cm

강원도유형문화재 제12호, 강릉시 오죽헌 · 시립박물관 소장

153

사임당의 둘째 아들,
이번(李璠)

사임당이 21세에 맏아들 선을 낳고 5년이 지나 26세에 맏딸 매창을 낳고 그 다음에 둘째 아들을 낳으니 그가 바로 번(璠)인데, 자는 중헌(仲獻)이요 호는 정재(定齋)다.

그가 남긴 〈율곡에게 물러나기를 권한다(勸栗谷引退)〉라는 글 한 편만 가지고라도 그의 학식의 높음과 성격의 고상함을 알 수 있는데 그 글은 선조 6년(1573)에 쓴 것으로 율곡이 38세 되던 해의 일이다.

다만 그의 나고 죽은 연대는 전혀 찾을 길이 없어 참으로 유감스럽다. 그의 무덤은 지금 괴산군(槐山郡) 사리면(沙梨面) 화산리(禾山里) 오룡동(五龍洞) 상서당곡(上書堂谷)에 있고, 경승(景昇), 경정(景井) 두 아들에게서 후손들이 퍼졌다.

〈율곡에게 물러나기를 권한다〉

베옷 벗고 벼슬에 오른 뜻은

본시 집안이 가난한 때문이더니

어찌 기약인들 했으랴

과분한 은혜 입어 영달이 날로 더할 줄

재주는 어설퍼 옥당(玉堂)에 맞지 않아

물러나고자 대궐에 세 번이나 간청하여

다행히도 은혜 입어 물러남을 허락받아

스스로 영영 한낱 한가한 백성이 되겠다더니

아침에 '임금 은혜 감사하는 노래' 부르자말자

저녁에 임금의 글발이 임진강가에 떨어지매

알쾌리 삼사(三司)에서 상소하여

성상이 깨닫고 외론 신하 부르심일레.

한정없는 시국 폐단 누가 다시 바로잡을꼬

공자 맹자 다시 나와도 그 뜻을 펴지 못하리

하물며 공맹(孔孟)에 못 미치는 자가

이 임금 백성을 요순(堯舜) 적 사람으로 만들겠다고

어려운지고 저 어리석은 선비여

155

둥근 방망이로 모난 구멍에 이어 맞추나

송(宋)나라 신하들이 모두 다 정자(程子) 주자(朱子)였다면

응당 골고루 다스려졌으련만

설거주(薛居州) 2) 한 사람이 저 혼자 송 나라를 어이하리요

산림 속으로 물러나 정신을 기르는 것만 같이 못했네.

나라 위한 신하는 쫓겨나 용납 안 되고

제 집 위한 신하만이 조정에 늘어섰네

악폐 하나 고치려면 뭇 비방이 모여들고

사람들은 옛 버릇 그대로를 지키려는데

어이 다시 태평 세대를 회복하여

어진 정사로 '일가 이웃 대충 징발' 없이해 볼꼬.

세상이 잘 되자면

어진 이 등용되고 못난 것들 엎디는데

---

2) 설거주(薛居州):《맹자》여섯 권째에 "공자(孔子)가 저 송(宋)나라 신하 설거주를 일러 착한 선비라 하여 임금의 처소에 있게 했지만 만일 왕의 처소에 있는 어른 아이 높고 낮은 인물들이 모두 설거주라면 왕이 누구와 더불어 옳지 못한 일을 행하며 그 반면 왕의 처소에 있는 모든 이들이 죄다 설거주가 아니라면 왕이 누구와 더불어 착한 일을 할 수 있을꼬. 그렇다, 한 설거주가 저 혼자 송나라 임금을 어찌하리요." 한 글귀가 있는데 그 구절 그대로를 가져다 인용한 것이다.

세상이 어지럽자면

착한 이를 원수같이 질투하나니

동대문에 관 걸어놓고 대궐을 하직함만 같지 못하리.

이 시는 계유(癸酉)년에 지은 것인데 율곡의 38세 때로, 이 시의 작
자인 율곡의 둘째 형 되는 정재(定齋)는 아마 40여 세쯤 되었을 것이다.

이해 7월에 율곡이 홍문관(弘文館) 직제학(直提學)에 임명되자 병으로
사퇴했으나 허락되지 않으므로 부득이 대궐로 들어가 세 번 상소를 하
여 겨우 허락을 받아 8월에 파주 율곡리로 물러났었다. 그리하여 그는
율곡리에서 〈감군은가(感君恩歌)〉 4장을 지었던 것이다. 그랬다가 9월에
다시 직제학에 임명되어 상경했던 것인데, 이 글은 바로 그때 율곡의 움
직임을 보고 지은 것이다.

작은 사임당과 옥산 이우

'이원수는 사람 됨됨이가 성실하고 꾸밈이 없으며, 마음이 너그럽고 착한 것을 좋아하여 옛사람 군자의 풍도가 있었다.'

세월이 흘러 이원수를 이렇게 평가하는 사람들이 많아진 것도 결국은 사임당이 남편을 남에게 뒤지지 않는 인물로 만들려고 노력했기 때문이다. 비록 사임당의 학문이 남편보다 월등히 높았을망정, 그렇다고 남편을 무시하거나 경망스럽게 대하지도 않았다.

옛말에 이르기를 남편은 하늘과도 같다고 했다. 사임당은 이 말을 몸소 실천했을 뿐만 아니라 남편 대하기를 하늘같이 하고 남편 받드는 일에도 모든 예의를 다했다. 아무리 남편이 아내만 못하더라도 서로 존경하고 화목해야 한다는 것이 사임당의 평소 생각이었다.

예부터, "남편이 밭에서 김을 맬 때 아내가 밥을 내오는데 그 대접하는 것이 손님 대접하는 것 같으니, 부부의 도리는 마땅히 이와 같아야 한다."는 말처럼 사임당의 언행이 마치 이와 같았다.

사임당의 남편 또한 이런 아내에게 온화하고 너그러울 수밖에 없었다. 그러니 사임당 부부는 아직 남편이 벼슬자리에는 오르지 못했을망정 행복했고 서로 화목했다.

맏아들 선(璿)도 이제는 많이 자라 동생까지 보게 되었으니 이때 사임당의 나이 26세였다.

이번에는 딸이었다.

"딸이면 어떻소. 위로 아들이 있고, 또 훗날 아들을 낳으면 될 텐데. 걱정하지 말고 몸조리나 잘하도록 하시오."

딸이었기 때문에 사임당이 조금 서운한 기색이자, 남편 이원수는 아내를 이렇게 위로했다.

'매창'이라고 이름 지은 이 딸은 사임당을 많이 닮았다. 생김새가 그러했고, 차츰 자라면서부터 영특하기가 사임당 어릴 때의 행동거지와 비슷했다.

"매창이는 당신을 많이 닮은 듯싶소."

이원수는 딸 매창을 몹시 귀여워했다. 그도 그럴 것이 매창은 그림 그리기를 좋아할 뿐만 아니라, 글 읽는 것에도 남다른 재주를 보였다.

사임당은 4남 3녀 칠남매를 두었는데, 셋째 아들인 율곡이 어머니의 지성을 물려받았다면, 둘째이자 맏딸인 매창과, 막내이자 넷째 아들인 옥산은 어머니의 예능을 물려받았다고 할 수 있다.

사임당도 딸 매창을 매우 사랑했다. 틈틈이 학문을 가르치고 글씨 쓰는 법과 그림 그리는 법을 일깨워주었다. 매창은 영특하기가 비길 데 없어 한 가지를 가르치면 두 가지를 알아듣는 아이로 자라났다.

매창은 커가면서 '작은 사임당'이라 불릴 만큼 깊은 학문과 그림 솜씨를 인정받았다. 어머니 사임당의 재능을 그대로 물려받은 것이라고 할 수 있었다.

〈강마을에서〉

산 그림자 강을 덮는 저녁 강마을에

고기잡이 노인

노 젓는 소리 내며 돌아오누나

돌아오며 바다 비 만났는가

뱃머리에 푸른 도롱을 걸어놓았네.

이 시는 매창의 작품이다. 선천적으로 뛰어난 예술적인 재능과 높은 시상을 느끼게 하는 작품으로 평가받고 있다.

매창은 이 밖에도 그림도 썩 잘 그려 〈달과 매화꽃〉, 〈참새와 대나무〉

라는 두 폭의 그림이 있는데, 매화꽃은 생명이 붙어 있는 것 같고 참새는 당장 어디론가 푸드득 날아갈 것만 같은 생동감을 나타내고 있다.

이들 그림을 살펴보면, 한 쌍의 참새가 나뭇가지에 앉아 있는 폭은 계절 감각이 뚜렷하지 않으나 나뭇잎이 아직 여린 상태의 봄 장면으로, 그리고 참새와 대나무 폭은 여름 장면으로, 어떤 풀의 무르익은 이삭과 달밤의 기러기 폭은 가을 장면으로 볼 수 있으며, 마지막의 눈 쌓인 나목 위에서 잠을 자는 숙조 한 마리 폭은 겨울 장면으로 볼 수 있겠다.

이들 그림에서의 '참새'는 눈가와 턱 부위의 흰 점이 보통 참새와 다르고 꼬리도 참새보다 더 긴 것이, 참새라는 이름으로 전해 내려오기는 하나 다른 새일 가능성도 있다 하겠다.

매창이 이렇듯 시 · 그림 · 글씨 · 자수 · 높은 학식 등 실로 나무랄 데가 없는 재능을 갖추게 된 것도 따지고 보면, 사임당의 가르침 때문이었다.

매창은 나중에 태어나게 되는 동생 율곡과 일곱 살 차이였다.

기록에 따르면 매창은 누님으로서 동생 율곡에게 여러 가지 깨우침을 준 것으로 전해지고 있다.

일찍이 천재 소년으로 널리 이름이 나 있던 율곡에게 깨우침을 줄 정도였다면 매창의 지혜와 식견이야말로 미루어 짐작할 수가 있는 것이다.

사임당이 딸 매창에게 학문을 가르치고 글씨와 그림·자수 등을 지도하여 한 여인상을 완성시킨 것이라면, 율곡보다 일곱 살이나 앞선 매창은 동생 율곡의 교육에 많은 영향을 끼쳤다고 할 수가 있다.

매창은 사서오경과 사마천 《사기》에 통달하고 있었을 뿐만 아니라, 탁월한 식견과 판단력이 뛰어났다.

한편, 이런 이야기가 있다.

율곡이 병조판서의 중책을 맡고 있을 때였다.

매창은 어느 날 동생 율곡에게 멀지 않아 북방 오랑캐가 쳐들어와서 난리를 일으킬 것이니 이에 대한 대비책이 있어야 할 것이라고 했다.

"그게 무슨 말씀입니까?"

율곡이 놀라 물었다.

"본래 미개한 종족들이니, 그들과는 화해가 있을 수 없기 때문이오."

과연 얼마 지나지 않아 북방의 오랑캐들이 쳐들어왔다.

이는 매창이 앞을 내다보는 탁월한 식견과 판단력이 있었음을 잘 증명해주고 있다.

계미년(1583) 북방 오랑캐들의 침략을 만난 병조판서 율곡은 군량미가 텅텅 비어 있는 것을 뒤늦게야 알고 매창에게 대책을 묻자, 매창이 답해주었다.

"모든 백성이 한결같이 한마음으로 뭉쳐 있어야 할 때인데 지금 나라 형편은 그렇지가 못하오. 오늘날의 급선무는 반드시 인심이 즐겨 따를 것을 생각해서 행해야 성취할 수 있을 것입니다. 재주 있는 서얼(서자)들을 조정에서 길을 막고 등용치 않고 있은 지 이미 백 년이 넘어 모두 울분을 품고 있으니, 지금 만일 이번 기회에 그들에게 양곡을 나라에 바치게 하고 벼슬길을 터주면 그들은 다투어 곡식을 바칠 것이니, 그렇게 되면 조정에선 군량미를 마련해서 좋고, 또한 좋은 인재를 구하게 되어 좋을 것입니다. 어디 그뿐이겠습니까? 서족들은 떳떳하게 세상을 살아가게 되니 모두 좋은 일 아니겠소."

당시 나라에서는 서족들에게 벼슬길에 오르지 못하도록 하고 있었는데 이의 부당성과 해결 방안을 매창이 제시했다고 할 수 있겠다.

병조판서 율곡은 누이 매창의 이러한 의견을 조정에 건의했으나, 양반 사대부들의 기득권과 당파에 얽매여 결국 실현을 보지 못했다.

하여간 이러한 이야기들 속에서도 사임당의 맏딸 매창의 높은 안목을 느낄 수 있다. 만일 매창이 남자로 태어났다면, 동생 율곡 못지않은 인물이 되었을지도 모른다.

사임당은 맏아들 선(璿)과 맏딸 매창(梅窓)을 낳고, 다음에 아들 번(璠), 그리고 둘째 딸을 낳은 후에 율곡을 낳았다. 율곡 밑으로는 딸 하나, 아들 하나를 더 두었는데 막내아들의 이름은 우(瑀)였다.

막내아들 우는 아호를 옥산(玉山)이라 했다.

옥산은 여섯 살 위인 형 율곡을 몹시 잘 따랐다. 율곡 또한 동생을 친구라고 부를 만큼 서로 우애가 깊었다.

옥산은 사임당의 자녀 가운데 아들로는 유일하게 어머니의 예술적 자질을 물려받아 시서(詩書)에 능통했고, 거문고 타는 솜씨도 뛰어났다.

옥산의 거문고 타는 소리는 맑고 깨끗할 뿐만 아니라 웅장하여 듣는 이로 하여금 모두 감탄케 했다. 옛 곡조라고 전해져 오는 거문고의 악보는 모두 옥산의 손끝을 거쳐 나온 것이라는 말이 있을 정도로 거문고에 조예가 깊었다.

또한 글씨에도 뛰어난 재질을 타고나서, 초서의 대가로 이름난 옥산의 장인 고산 황기로까지도 사위를 칭찬했다.

"곱게 쓰는 것은 나보다 못하지만 글씨체의 웅장함은 나보다 낫다."

율곡도 평소에 다음과 같이 말했다.

"내 동생이 일찍이 학문에 뜻을 두고 깊이 몰두했더라면, 내가 그를 따르지 못했을 것이다."

그러므로 옥산 이우는 재주가 넘쳐 다른 기예에까지 능하여 거문고 가락이 세상에 뛰어났고, 그림의 품격이 조화를 뺏어 일찍 묵화로 풀벌레를 그려내어 길에다 던지자 뭇 닭이 한꺼번에 쪼았으니, 이것이 바로 세상에서 이른바 글씨와 그림, 그리고 거문고 세 가지 뛰어난 재주가 있었다고 전한다.

어디 그뿐인가. 숙종 때의 대학자 송시열은 옥산의 글씨를 칭찬하여 다음과 같이 평가했다.

"마치 뱀과 용이 날아 올라가는 것 같다."

옥산의 글씨가 얼마나 정교했던지 깨알에 거북 귀(龜)자를 썼으며, 팥 알을 쪼개어 그 한쪽에 20자 정도를 획 하나 틀리지 않고 써서 사람들을 놀라게 했다는 말이 있다.

과연 어머니 사임당의 재주를 이어받지 않았다고 할 수가 없다.

비단 글씨에만 뛰어난 것이 아니라, 어머니 사임당을 닮아 시 · 그림 등에도 뛰어난 재질을 발휘했다.

그의 벼슬은 군대에 소용되는 물품의 보급에 관련된 사무를 맡아보던 군자감정에까지 이르렀는데, 그가 현감으로 근무할 때는 고을 백성들이 그를 매우 존경하여 7년 동안을 놓아주지 않았던 일도 있었다.

뿐만 아니었다. 임진왜란을 당해서는 장정들과 함께 왜적과 대적하여 많은 전공을 세웠지만, 그 공로를 모두 부하들에게 돌려 칭송이 자자했다.

훗날 옥산은 형 율곡이 세상을 떠나자, 형의 유족들을 성심으로 보살펴주었는데, 이는 어릴 때부터 사임당이 가르친 교육의 힘이었고, 또한 사임당의 어질고 온유한 성품을 이어받은 때문이었다.

옥산은 68세로 세상을 떠날 때까지 많은 그림 · 글씨 · 시 등을 남겼다.

조선시대 사회에서 여성들이 처했던 여러 가지 여건을 감안한다면, 사임당이나 매창이 이와 같이 많은 화적(畵跡)과 연관되어 있다는 사실 자체에 큰 의미를 부여하지 않을 수 없다.

또 사임당의 예술적 자질을 이어받은 아들 옥산 이우는 자신의 재능을 그의 딸에게 물려주었으니 실로 사임당을 통한 율곡 형제의 예술적 재능은 높이 평가할 만하다.

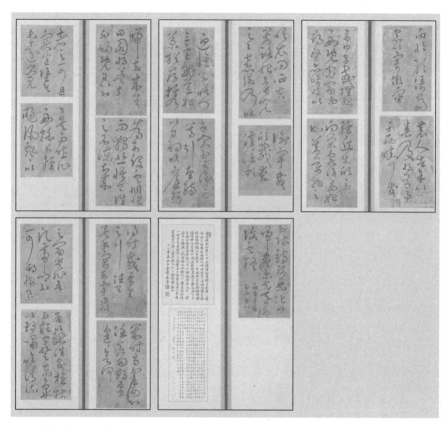

초서병풍 | 이우, 조선/1556년, 31.7~42.6×23.2~25.6cm

강원도유형문화재 제13호, 강릉시 오죽헌·시립박물관 소장

흑룡과 함께 태어난
율곡

사임당의 자녀 4남 3녀 중 가장 큰 인물은 역시 율곡이었다. 사임당이 33세 되던 해에 친정인 강릉 오죽헌 몽룡실에서 셋째 아들인 율곡을 낳았다.

율곡의 학문과 사상은 단지 조선시대에서만 빛을 내고 그친 것이 아니었다. 세상을 떠난 후에도 그의 학문과 사상은 제자들에 의해서 연구가 계속됐고 오늘날까지도 연구의 대상이 되고 있다.

율곡이 지은 《격몽요결》 입지장 편을 소개한다.

처음 학문을 배우려는 사람은 우선 학문을 하는 종국적인 목적에 대하여 마음가짐을 확고히 세워야 한다. 나도 꼭 훌륭한 성인이 되어야겠다고 마음속으로 기약하고, 조금이라도 자신을 작게 여기어 그것을 핑계 삼아 물러서고 미루려는 생각을 가져서는 안 된다.

대개 보통 사람과 훌륭한 성인은 그 타고난 본성은 똑같은 것이다. 비록 성격과 재능이 사람에 따라 맑은 사람이 있고 흐린 사람이 있으며, 또는 순수한 사람과 혼탁한 사람이 있어서 그 사람들 사이에 차이는 있다고 하겠지만, 진실로 진리를 알고 실천해서 옛날부터 내려오는 나쁜 습관을 버리고 착한 인간의 본성을 처음 모습으로 되찾는다면, 조금도 보태지 않더라도 모든 선함이 다 풍족할 것이다.

평범한 사람이라도 어찌 훌륭한 성인이 되기를 스스로 기약하지 못하랴? 그래서 맹자는 "사람의 본성은 본디 착한 것이다." 하면서 반드시 요임금과 순임금을 일컬어 이것을 실지로 증명하였고, 사람은 다 요임금과 순임금처럼 될 수 있다고 말했으니, 맹자가 어찌 우리를 속이겠느냐?

마땅히 항상 스스로 분발해서 말하기를, "사람이 타고난 본성은 원래 착하게 되어 있어서 옛날이나 지금이나 슬기로운 사람이거나 어리석은 사람이거나 차이는 없는 것이다. 그런데 왜 성인만이 유독 성인이 되고 나는 왜 유독 평범한 사람이 되었는가? 그것은 곧 뜻을 세우고 아는 것을 분명히 하고 행실을 인정 있고 성실하게 못함이니, 참으로 뜻을 세우고 아는 것을 분명히 하고 행실을 인정 있고 성실하게 하는 것은 모두가 나 자신에게 책임이 있는 것이다. 그렇지 못하고 이것들을 다른 누구에게서 구할 수 있겠는가?"

안연(顏淵)은 말하기를, "순임금은 누구이고, 나는 누구란 말이냐? 노력하면 누구나 그렇게 될 수 있는 것이다." 하였다. 그러니 나도 또한 안연이

순임금처럼 되기를 바라던 것을 본받아 행할 것이다.

사람의 얼굴 모양은 추한 것을 고쳐서 예쁘게 할 수 없고, 또 타고난 체력은 약한 것을 고쳐서 힘이 세게 할 수 없으며, 신체는 짧은 것을 고쳐서 길게 할 수 없는 것이다. 왜냐하면 이것들은 이미 정해진 분수이기에 고칠 수가 없기 때문이다. 그러나 사람의 마음과 뜻만은 어리석은 것을 고쳐서 지혜롭게 할 수 있고, 미련한 것을 고쳐서 어질게 할 수 있다. 이것은 마음의 그 비어 있고 차 있고 한 것이 본래 타고난 분수에 구애되지 않기 때문이다.

그리고 아름다움에는 지혜보다 더 아름다운 것이 없고 귀함에는 어진 것보다 더 귀한 것이 없는데, 무엇이 괴로워서 어질고 지혜로워지기 위해 노력을 하지 않으려 하며 하늘에서 부여받은 착한 본성을 손상하려 하는가? 사람들이 이러한 뜻을 가지고 굳게 실천해서 물러서지 않는다면 거의 도(道)에 가까워질 것이다.

대체로 자기 스스로는 뜻을 세웠다고 말하면서 힘써 앞으로 나가지 않으며, 우물쭈물하고 뒷날을 기다리는 사람은, 명색만 뜻을 세웠다 할 뿐 실지로는 공부를 하려는 성의가 없기 때문이다. 진실로 내 뜻으로 하여금 정성을 학문에 둔다면 어질게 되는 것은 자기에게 달린 것이다.

하고자 하면 뜻이 통달될 것인데 무엇 때문에 남에게 구하며, 무엇 때문에 뒤로 미루고 기다리는가? 뜻을 세우는 것이 가장 귀하다는 것은, 곧바로 공부에 힘을 기울여서 오히려 제대로 되지 않을까 염려해서 시시각각으로 시간은 자꾸 가는데 모든 잡념을 버리고 조금도 뒤로 물러서지 말아야겠다고 마음먹는 것에 달렸다마는, 혹 뜻이 성실하고 착실하지 못하고 무기력하여 가식적으로 우물쭈물 세월만 보낸다면 나이가 다하여 죽을 때까지 무슨 성취가 있겠는가?

사임당은 율곡을 잉태했을 때 이미 '하늘이 내 몸을 빌려 귀한 아기를 이 세상에 보내려 하시는구나.' 하고 생각했었다.

어느 날 밤의 이상한 꿈이 그러한 생각을 가지게 한 것이다.

그즈음 사임당은 이미 두 아들과 두 딸을 가진 4남매의 어머니였다. 큰아들 선이 13세, 그리고 매창은 8세였는데 그 밑의 두 아이들은 더 어렸었다.

그랬기 때문에 사임당은 늘 바쁜 생활을 해야 했다. 사임당의 동생들은 이미 모두 출가를 했고, 친정어머니도 이제는 늙어 힘든 일을 할 수가 없었다.

'부모로서 자식을 낳아놓고 가르치기를 게을리 한다면 어찌 부모 된 도리를 다했다고 할 수가 있겠는가?'

사임당의 생각이 이러했기 때문에 하루하루 생활이 고달프게 지나갔다. 그러나 사임당은 아이들이 탈 없이 잘 자라주는 것만으로도 보람을 느낄 수가 있었다.

그리고 아이들이 모두 영특하였기 때문에 보람이 컸다. 한 번 가르쳐주면 아이들이 쉽게 깨달아 그 다음 것을 스스로 알 정도였다.

어느 날 밤이었다. 사임당은 자식들에게 글을 가르치고 잠자리에 들었다. 잠자리에 들어서는 하루 동안의 일을 되새기며 잘못된 일을 반성하는 습관이 있었다. 사임당이 어렸을 때부터 길들여진 습관이었다.

이날 밤에도 하루의 일을 되돌아보다가 시나브로 잠이 들었다. 그리고 새벽녘에 문득 잠이 깼다. 꿈을 꾼 것 같았다. 사임당은 방금 꾼 꿈이 너무나도 이상하여 어리둥절했다.

그곳이 어디인지는 확실히 알 수 없었고 너른 들판이었다.

강릉 지방의 경치가 아름답다고는 하나 꿈속에서 보았던 들판처럼 넓고 푸른 곳은 본 일이 없었다. 사임당은 그곳에 서 있었다. 햇빛이 밝고 바람이 온화한 곳, 그리고 흰 구름이 두둥실 떠 있는 아름다운 하늘, 사임당은 혼자였는데 홀연히 흰 구름을 뚫고, 눈이 부시도록 아름다운 여인이 나타났다.

'누굴까?'

사임당은 눈부시도록 아름다운 여인의 자태에 거의 넋을 잃을 지경이었다. 사임당은 꼼짝도 하지 못하고 서 있었다.

그때 여인이 사임당에게로 미소를 지으며 다가왔다. 그리고 이제껏 자신의 품속에 품고 있던 사내 아기를 말없이 사임당에게 건네주었다. 사임당은 조심스럽게 아기를 받아 안으며 마음 흡족해 하다가 문득 잠에서 깬 것이었다. 참으로 이상한 꿈이었다.

172

'무슨 꿈일까?' 하고 사임당은 혼자 생각했다.

'선녀가 나타나 내게 옥동자를 안겨주다니……'

곰곰이 생각할수록 꿈속에서의 일이 뚜렷하게 떠올랐다. 드디어 사임당은 방금 꾼 꿈이 틀림없는 태몽일 것이라 스스로 판단했다. 그리고 '하늘이 내 몸을 빌려 귀한 아기를 이 세상에 내리려 하시는구나.' 하고 생각하였다.

과연 얼마 안 되어 사임당에게는 태기가 있었다. 사임당의 기쁨은 이루 형용할 수가 없었다.

이때부터 영특한 사임당은 태교를 몸소 실천하기 시작했다. 심지어는 누워 자는 일에 있어서도 옆으로 눕지를 않았으며 비스듬히 앉지도 않았다. 그리고 맛이 이상한 음식이나 생김새가 바르지 않은 것은 먹지도 않았다.

이를테면 게·조개 같은 것도 생김새가 바르지 않다 하여 입에 대지 않았다. 또 듣는 것, 말하는 것에 이르기까지 매사에 주의를 기울였다.

대개 자식은 어머니를 닮게 마련이었다. 사임당이라는 호를 지을 때 이미 중국 문왕의 어머니 '태임'의 '임'자를 선택한 것부터가 이를 본받으려 했음이 아니던가.

사실 사임당은 4남 3녀의 자녀 모두에게 태교를 몸소 실천하였다. 이미 사임당은 예부터 중국에서 전해오는 태교의 중요성에 대해 잘 알고 있었던 것이다.

'바른 마음으로 바른 일을 하라.'

한마디로 요약하여 태교의 중요성은 이러했으니 '몸과 마음을 바르게'라는 말을 실천하는 일이었다.

유명한 음악가 모차르트는 그의 어머니가 그를 잉태했을 때 매우 음악을 좋아했다고 한다. 매일 음악을 들으며 마음의 안정을 취했는데, 과연 탄생된 아들 모차르트는 훗날 훌륭한 음악가가 되었다. 반면, 전혀 음악을 듣지 않고 임신 기간을 보낸 둘째 아들은 음악에 대한 재능이 없었다는 것이다. 이는 태교의 중요성을 강조하는 유명한 이야기이다.

그러므로 사임당은 율곡을 잉태하고 자신의 마음가짐과 행동을 바르게 함으로써 훌륭한 자손을 두려고 노력했다.

특히 송나라 때 사람 장사숙(張思叔)의 좌우명인 '경계하는 말'을 항상 기억해내고 실천하고자 하였다.

모든 말은 모름지기 성실하고 믿음직하게 해야 하며, 행동은 반드시 돈후하고 조심해야 하며, 음식 먹기를 삼가 절도 있게 해야 한다.

글씨는 반드시 고르고 바르게 써야 하며, 용모는 반드시 단정하고 점잖게 하며, 옷을 갖춰 입을 때는 의젓하고 바르게 하며, 걸음걸이는 반드시 안정되고 조용히 해야 한다.

거처하는 곳을 반드시 반듯하고 조용히 해야 하며, 일을 할 때는 반드시 계획을 세우고, 말을 함에 있어 반드시 그 실행 여부를 생각해서 하며, 평상의 덕을 반드시 굳게 가지며, 허락할 때는 반드시 신중하게 대답하며, 착한 일 보기를 내가 한 것처럼 여기고, 악한 짓 보기를 나의 잘못처럼 여기라.

그러고 보면 율곡의 인품과 그의 학문이나 사상이 우연히 이룩된 것이라고는 볼 수 없다. 사임당의 쌓아 올린 정성이 열매를 맺은 것이라고 할 수 있는 것이다.

사임당은 율곡을 잉태할 때 꿈을 꾸었던 것처럼 율곡을 낳을 때도 또 꿈을 꾸었다.

이번에는 동해 바다 한가운데가 무섭게 소용돌이치면서 검은 물체가 모습을 드러냈다. 그리고 그것은 힘차게 하늘로 치솟아 올랐다. 바로 힘차게 용솟음치는 용.

그것은 분명히 오색 빛깔의 영롱한 모습이었다. 사임당은 꿈속에서도 황홀한 심정으로 힘차게 하늘로 치솟는 용을 신비스럽게 지켜보았다. 그 힘찬 모습, 오색 빛깔의 영롱한 모습, 하늘에 서린 무지개, 동해 바다의 푸른 물결 등을 신비스럽게 지켜보다가 잠을 깼을 때 곧이어 진통이 시작되었다.

미처 무슨 꿈을 꾸었는지 생각해볼 겨를도 없었다. 꿈속에서 아이를 낳은 듯싶었다. 더욱이 이상한 것은 태몽에서 선녀가 안겨준 아기와 모습이 같은 사내 아기를 낳은 것이다.

비로소 사임당의 해산을 도운 친정어머니에게 그 꿈 이야기를 자세히 했다.

"필시 이 아이는 장차 자라서 크게 될 인물임에 틀림없구나. 그러니 소중하게 기르고 학문을 가르쳐라."

친정어머니께서 말씀하셨다. 사임당의 어머니도 보통 꿈이 아니라고 생각되었기 때문이었다.

율곡의 어릴 때 이름을 '현룡(玄龍)'이라고 지은 것은 어머니 사임당이 꿈에서 흑룡을 보아 그렇게 지은 것이었다.

또한 강릉 지방에는 율곡의 출생에 관한 다음과 같은 이야기가 전설처럼 전해져 온다.

사임당의 남편 이원수가 한양에 머물다가 처가를 찾아가는 길이었다. 그러나 이미 해는 서산에 걸려 있었다. 험한 산중을 밤에 걷기란 여간 무서운 일이 아니었다. 어서 빨리 집에 도착하여 아내와 아이들을 보고 싶은 생각은 굴뚝같았지만, 겨울이라 아직 눈이 덮인 산길은 미끄럽기만 하였다.

곰곰이 생각하다가 주막에라도 들러 하룻밤 묵어갈 작정을 했다. 추위도 추위지만 가장 두려운 것은 호랑이였다. 당시만 해도 호랑이가 자주 나타났고, 더구나 산길을 밤에 혼자 걷다가 호랑이에게 잡아먹히는 일이 아주 흔했었다.

이원수는 주막을 찾았다. 평소에 보아두었던 터라 주막을 찾는 일은 그리 어렵지 않았다.

좀 더 서둘렀으면 저녁 무렵이면 처가에 도착할 수 있었을 텐데, 중간에 너무 자주 쉰 데다가 눈길이 미끄러워 그리된 것이었다.

이원수는 저녁을 청해 먹고 이런저런 생각을 하다가 피곤에 밀려 잠자리에 들었다.

'내일이면 만날 텐데…….'

자꾸만 아내와 아이들의 모습이 떠올랐으나, 내일을 기약하며 마음을 달랬다. 그러나 좀처럼 쉽게 잠이 들지 않았다. 멀리서 들리는 산짐승들의 울음소리는 끊이질 않고, 밖의 날씨는 더욱 추워지는 것 같았다. 그때였다.

"손님, 주안상을 차려 왔습니다."

문밖에서 인기척이 들리더니, 주막집 여인의 목소리가 들려왔다. 이소리에 이원수는 몸을 벌떡 일으켰다. 그렇지 않아도 잠이 오지 않는 참에 술 생각이 간절하기도 했다.

"손님, 주무십니까?"

문밖에서 또 주인 여자의 목소리가 들려왔다.

"아직 자지 않고 있습니다만……."

이원수는 덮고 있던 이부자리를 한쪽으로 개켜두고, 문을 열었다.

"손님, 약주나 한잔 하시고 주무시지요."

주인 여자가 주안상을 들고 방 안으로 들어왔다.

"한양에서 이곳까지 오셨으니 얼마나 피곤하시겠습니까. 이 술은 제가 담근 과일주이온데, 한잔 드시고 주무시지요."

"고맙습니다."

이원수는 염치없지만 주인 여자가 따라주는 술을 넙죽넙죽 받아 마셨다.

"음, 술맛이 아주 좋습니다."

"오래된 술이니 그럴 것입니다."

"이런 산중에 어찌 사십니까?"

"이젠 이력이 나서 괜찮습니다. 가끔 손님처럼 귀한 분을 만나 뵙는 즐거움으로 삽니다."

"원, 별말씀을……, 나는 한낱 서생에 불과하오."

이런 말을 주고받는 동안 밤이 깊었다. 그러나 주인 여자는 좀처럼 자리를 뜰 기색이 없어 보였다. 이원수는 취기가 오름을 느꼈다. 잘못하다가는 주인 여자에게 실수를 저지를 것만 같았다. 그래서 이원수는 정신을 가다듬고 주인 여자에게 말했다.

"부인, 이제 밤이 깊었습니다. 돌아가 주무십시오."

"……예."

마지못해 주인 여자는 주안상을 들고 밖으로 나갔다.

이런 일이 있은 후 몇 달이 지났다. 이원수는 또 그 주막집에서 하룻밤을 묵어가게 되었다. 주인 여자는 이원수를 반갑게 맞았다. 그러곤 얼굴을 붉히며 지난번에 있었던 일을 사과했다.

"지난번 제가 손님을 유혹했던 것은 그만한 이유가 있었습니다."

"……."

"제가 이런 생활을 하다 보니 사람의 관상을 조금 볼 줄 압니다. 그런데 손님을 처음 대했을 때 손님의 얼굴에서 광채가 났습니다."

"광채가 나다니요."

이원수는 주인 여자의 말뜻을 알아들을 수가 없었다.

"그렇습니다. 그 광채는 손님께서 귀한 아들을 가질 징조이지요. 반드시 나리의 부인께서는 아들을 잉태하고 계실 것입니다. 그 귀한 아기를 저도 가지고 싶은 욕심에 그만……, 용서하십시오."

주인 여자는 이런 말을 하면서 덧붙이기를, "그러나 그 아이는 다섯 살을 넘지 못해 호랑이에게 화를 당하게 될까 걱정이 됩니다." 하고 한숨을 내쉬었다.

"호랑이에게 화를 당하다니요?"

이원수는 깜짝 놀랐다. 주인 여자의 말을 믿을 수도 믿지 않을 수도 없었다.

'이 여자는 누구일까.'

보통 여인이 아닌 듯도 싶었다.

"호랑이를 물리칠 방법이 한 가지 있기는 있습니다만……."

"그 방법이 무엇이오?"

"좀 어렵고 힘든 일입니다."

주인 여자가 말했다.

"자식을 위하는 일인데 무슨 일인들 못하겠소? 일러만 주면 내 그대로 하리다."

이원수는 주인 여자에게 사정했다. 자식을 위하여 무슨 일인들 못할까 싶었다.

"그 방법은 덕을 쌓는 일입니다."

"덕을 쌓는 일?"

"그렇습니다. 그러니 어찌 한두 번 덕을 쌓는 일로 호랑이를 물리칠수 있겠습니까? 그러니 밤나무 한 그루 심는데 덕 한 번 쌓는 것으로 생각하고 천 그루의 밤나무를 심으십시오. 그리고 아기가 다섯 살 되는 해 어떤 스님이 찾아와서 아기를 보여 달라고 할 텐데 절대로 보여주면 안됩니다. 대신에 노승에게 '나도 천 번씩이나 덕을 쌓은 사람이오.' 하고 아기를 보여주는 대신 천 그루의 밤나무가 심겨진 곳을 보여주십시오. 그 노승은 바로 백 년 묵은 금강산 호랑이가 변신한 것입니다."

주인 여자에게서 이 말을 들은 이원수는 사임당과 함께 곧바로 본댁으로 돌아가서 뒷산에 밤나무를 심기 시작했다. 하루 이틀 심어서 될 일이 아니었다. 한 달, 두 달, 석 달……, 이원수는 정성으로 밤나무를 심어 가꾸기를 게을리하지 않았다.

세월이 흘렀다.

과연 주막집 여자가 말한 대로 율곡이 다섯 살 되던 어느 날, 금강산에서 왔다는 노승이 나타나 말했다.

"이 집에 다섯 살 먹은 사내아이가 있다는데, 좀 보여주시오. 나무아미타불……."

이원수는 속으로는 두려웠지만, 마음을 단단히 먹고 또박또박 말했다.

"나도 덕을 쌓은 사람이오. 덕을 쌓기 위해 천 그루의 밤나무를 심어놓았으니 가서 보시지요."

이원수는 밤나무를 심은 뒷산으로 노승을 안내하여 밤나무를 세기 시작했다.

하나, 둘, 열, 스물……,

그러나 이게 웬일인가. 모든 밤나무를 세었으나 한 그루가 부족한 999그루였다. 중간에 한 그루의 밤나무가 죽은 것을 몰랐던 것이었다.

노승은 화를 벌컥 냈다.

"나무 한 그루가 부족하지 않소? 그러니 당신 아이는 내가 데리고 가겠소."

"스님, 밤나무 한 그루가 죽은 것을 몰랐습니다. 이제라도 한 그루 더 심겠습니다."

이원수는 노승을 잡고 애원했다. 그리고 미처 한 그루의 밤나무가 죽은 것을 몰랐던 자신을 크게 후회했다.

"그렇게는 안 되오."

이원수의 사정에도 불구하고 노승은 부득이 아이를 데려가야 한다고 으름장을 놓았다.

바로 그때.

"나도 밤나무요!" 하고 밤나무와 비슷하게 생긴 참나무가 노승이 들으라는 듯이 크게 소리쳤다.

이번에는 금강산에서 왔다는 노승이 깜짝 놀랐다.

어린 율곡을 살려내기 위해 참나무까지 "나도 밤나무요!" 하고 소리치는 것을 보고, 감동한 노승은 그 자리에서 호랑이로 변신하여 어디론가 도망을 가버렸다.

이 호랑이 이야기는 누군가가 꾸며낸 것이겠으나, 율곡이 조선시대의 큰 인물이 되기까지는 스스로의 노력과 어머니 사임당의 태교의 실천, 그리고 아버지 이원수가 쌓은 덕의 결과임을 잘 말해주고 있다.

〈여교(女敎)〉에 이르기를, 여자에게 네 가지 덕행이 있으니 첫째는 아낙네의 덕 부덕(婦德)이요, 둘째는 아낙네의 말 부언(婦言)이요, 셋째는 아낙네의 몸가짐 부용(婦容)이요, 넷째는 아낙네의 솜씨 부공(婦功)이니라.

아낙네의 덕이란 반드시 재주와 총명이 남보다 뛰어남이 아니며, 아낙네의 말씨란 구태여 말솜씨가 좋아 이로움을 도모하는 것이 아니다. 몸가짐이란 반드시 얼굴이 아름답고 고움이 아니며, 솜씨란 반드시 손재주가 남보다 뛰어남이 아니다.

맑고 고요하며 다소곳하여 절개를 지켜 스스로 바르게 처신하고, 몸가짐에 부끄러움을 지니며, 움직이거나 가만히 있을 때에도 법도(法度)가 있음이 곧 여자의 덕이다.

말을 가려서 하여 모진 말을 하지 않으며, 적절한 때를 기다려 말하여 남에게 싫은 느낌을 주지 않는 것이 여자의 말씨이다.

더러운 것을 빨고 때를 씻어 옷과 치장을 깨끗이 하며, 수시로 몸을 씻어 몸을 더럽지 않게 함이 곧 여자의 몸가짐이다.

오로지 길쌈에 전념하며 장난과 웃음을 즐기지 아니하고, 술과 음식을 정갈하게 장만하여 손님을 대접함이 곧 여자의 솜씨이다.

이 네 가지가 바로 여자의 큰 덕이니, 가히 없어서는 아니 될 것이다. 그러나 실행하기 매우 쉬우니, 오직 마음먹기에 달려 있을 따름이다.

옛 사람이 이르되, "어짊이 멀다 할 것인가? 내가 어질고자 한다면 마침내 다다를 것이다."라고 하였으니, 바로 이를 일컬음이니라.

이는 조선 성종의 모후인 소혜왕후 한씨가 궁중의 비빈과 사대부 집안 부녀자들의 몸가짐과 마음가짐을 가르치기 위해 지은 규범서《내훈(內訓)》에 있는 내용인데, 마치 사임당의 행실을 보여주는 것 같다.

율곡,
세 살에 시(詩)를 짓다

사임당의 나이 38세 때, 율곡은 여섯 살이 되었다. 그리고 사임당의 어머니, 그러니까 율곡의 외할머니는 62세였는데, 외할머니는 90세까지 장수하였다.

사임당은 여러 아들딸 중에서도 율곡을 특히 사랑했다. 율곡을 잉태했을 때 태교에 힘쓴 일이며, 꿈을 꾸었던 일로 미루어 장차 나라의 큰 인물이 될 것이라고 생각했기 때문이다.

율곡의 외할머니도 같은 생각을 하고 있었다. 그랬기 때문에 사임당과 율곡의 외할머니는 율곡의 교육에 남다른 힘을 기울였다.

율곡은 하나를 가르치면 열을 아는 재능을 지니고 있었다. 영리하기가 그 누구에게 비길 데가 없었다.

이미 율곡은 세 살 때부터 글을 읽을 줄 알았고, 어른들이 읊는 시구(詩句)를 귀담아 듣고 외워 그 뜻을 풀어내기도 했다.

이런 일도 있었다.

율곡이 세 살 되던 해의 가을, 하루는 외할머니의 등에 업혀 뜨락에 나와 있었다.

마침 그때, 탐스럽게 익어 붉은 알을 드러내고 있는 석류를 가리키며, 외할머니가 율곡에게 물었다.

"이것이 무엇인지 아느냐?"

"석류지요."

율곡이 대답했다.

"그래, 저 석류를 글로 읊어보아라."

이제 세 살밖에 안 된 어린애가 하도 글 짓는 흉내를 잘 내기에 그 재능을 보기 위해 말했을 뿐인데, 어린 율곡은 등에 업힌 채로 금방 시를 읊었다.

　황금 주머니 속에
　빠알간 구슬이 부서졌구나.

석류의 모양을 이토록 아름답게 표현할 수가 있을까? 노란 석류 껍질을 황금 주머니로, 석류 알을 붉은 구슬로 그려낸 것을 보고, 율곡의 외할머니는 깜짝 놀랐다. 아무리 율곡이 영리하다고는 하지만 이런 질문에는 대답을 하지 못할 줄로 알았는데, 그것도 시를 지어 대답한 것이다.

외할머니의 입에서는 절로 탄성이 터져 나왔다.

율곡은 네 살 때부터 중국의 역사를 배우기 시작했는데, 글귀를 잘 풀이하여 선생님을 놀라게 했다.

하루는 서당 선생이 율곡을 시험하기 위해, "제나라 위왕이 처음 제후들을 잘 다스리지 못해 모두 와서 쳤다."라고 짐짓 틀리게 해석하고 율곡에게 따라 읽으라고 했다.

그러자 율곡은 따라 읽지 않고 책을 들여다보고만 있었다.

"왜 따라 읽지를 않느냐?"

서당 선생이 물었다.

"선생님, 그렇게 풀이하시면 안 됩니다."

율곡이 비로소 고개를 들었다.

"그럼 어떻게 풀이해야 한다는 말이냐?"

"마땅히 이것은 제나라 위왕이 처음에 잘 다스리지 못하므로, 제후들이 모두 쳐들어왔다고 해야 합니다."

"그 말이 그 말 아니더냐?"

선생은 끝내 모르는 체했다.

"그렇지가 않습니다. 제나라 위왕이 제후들을 잘 다스리지 못한 것이 아닙니다. 제나라 위왕이 처음에 잘 다스리지 못한 것은 제후들이 아니라 나라였습니다."

서당 선생은 탄복했다. 나이도 어린 것이 어찌 이토록 영특할 수가 있단 말인가. 그 후부터 서당 선생은 문장 한 구절 가르치는 일에 실수가 없도록 성심성의를 다했다.

율곡은 또한 마음이 매우 착하고 어질어 형제들과도 다투는 일이 없었을 뿐만 아니라 인정도 많았다.

어느 날 강릉 북평에 큰 비가 내렸다. 장마였다. 빗줄기는 땅 위의 모든 것을 한꺼번에 몽땅 쓸어가 버릴 기세였다. 집이 떠내려가고 가축들이 물살에 휩쓸려 떠내려갔다.

율곡이 사는 마을 한편으로는 시내가 있었다. 여름이면 논에 물을 대주기도 하고, 농부들이 논밭 일을 끝내고 몸을 씻기도 하는 시내에는 항상 물이 넘쳤다.

그곳에도 장마로 물이 넘치고 있었는데, 그때 어떤 사람이 물에 휩쓸린 가축을 구하려다가 넘어지고 말았다. 율곡은 그 광경을 보고 흠칫 놀랐다. 넘어진 사람이 가축과 함께 물에 휩쓸려 떠내려가는 것이었다. 그 모습은 조금 우스꽝스러워 보이는 것이 사실이었다. 몸을 가누려고 손을 허우적거리는 모습이 마치 광대의 모습과도 같았기 때문이었다.

이를 보던 마을 사람들이 모두 소리쳐 웃었다.

'웃음이 나오다니? 물에 빠진 사람을 구해주지는 못할망정……'

율곡은 어린 나이에도 마을 사람들을 따라 함께 웃기는커녕 마음을 졸이는 착한 아이였다. 무사히 그 사람이 위급함을 면해 살아났고, 그제야 율곡은 마음을 놓을 수가 있었다.

한편 율곡은 어릴 때부터 효심이 지극했다. 이는 사임당이 외할머니에게 했던 대로, 율곡 또한 사임당이 몸소 실천하는 교훈을 익힌 때문이었다.

사임당은 몸이 비교적 약한 편이었다. 그래서 병석에 누워 지내는 일이 많았다. 그때마다 율곡의 효심은 대단했다.

율곡이 다섯 살 때 집안이 한 번 발칵 뒤집힌 일이 있었다.

사임당이 병을 얻어 여러 날째 자리에 누워 있었다. 여러 가지 약을 썼으나, 조금도 나아지지 않았다. 온 식구들의 걱정이 태산 같았다. 요즘처럼 병원이 있거나 좋은 약이 있던 시절도 아니었다. 의원을 불러 맥이나 짚어보고 한약 몇 첩 달여 먹는 것이 고작이었다. 그나마 가난한 집에서는 의원을 부르지도 못하였다. 큰 병에 걸리면 죽는 날만을 기다리는 수밖에 다른 방법이 없었다.

사임당은 큰 병을 얻은 것은 아니었으나 벌써 며칠째 누워 있었다.

"오늘은 어찌하여 율곡이 아침부터 보이지를 않느냐?"

병환 중에도 사임당은 율곡이 보이지 않는 것을 깨닫고 가족들에게 물었다. 그제야 식구들은 아침부터 율곡이 보이지 않는 것을 이상히 여겨 이곳저곳 찾아보았으나 율곡의 모습은 아무 데도 없었다.

집안이 발칵 뒤집혔다.

이때 율곡은 외할아버지 사당 앞에서 하루 종일 무릎을 꿇고 앉아 있었다.

"어머님 병을 하루속히 낫게 하여 주시옵소서. 그리고 우리 가정을 잘 지켜 주시옵소서."

율곡은 하루 종일 이렇게 어머니를 위하여 기도하고 있었던 것이다.

어른이 되어서도 율곡은 스스로를 반성하고 경계하는 일을 자신의 신조로 삼았다.

그 신조를 자경문(自警文), 즉 '스스로 경계하는 글'이라고 한다.

〈자경문(自警文)〉

1. 먼저 뜻을 세워 성인을 기준으로 삼고 털끝만치라도 성인에게 미치지 못할 때는 내가 할 일이 결코 끝난 것이 아니다.

2. 마음이 안정된 사람은 말이 많지 않다. 그러므로 마음이 안정되기를 원한다면 먼저 말을 적게 하는 것부터 배워야 할 것이다.

3. 반드시 말을 할 때가 되어서 말을 하면 그 말이 간략하게 된다.

4. 오랫동안 방심했던 마음을 하루아침에 거두어서 힘을 얻는다는 것은 쉬운 일이 아니다. 마음이란 살아 있는 것이므로 안정되지 못하면 편

안하기가 어렵다. 만일 속이 상한다고 하여 그것을 귀찮게 생각하고 깊이 생각하지 않으면 더욱더 어지러운 생각이 생겼다 없어졌다 하여 자기 뜻대로 되지 않을 것이다.

그러므로 생각이 어지러울 때는 정신을 가다듬어야 하며 어지러운 생각에 끌려 다니지 말아야 한다. 그리고 무슨 일을 하든 그 일에 힘을 기울이면 마음을 안정시키는 공부가 될 것이다.

5. 언제나 조심스럽게 자기를 경계하고, 혼자 있을 때도 뜻을 가슴속에 품고 한시도 게을리하지 않으면 저절로 모든 잡념이 사라지게 될 것이다.

6. 모든 악은 혼자 있을 때 자신의 마음을 삼가지 않기 때문에 생겨나게 된다.

7. 혼자 있을 때 삼갈 줄 알게 되면 비로소 자연을 사랑하며 즐길 수 있는 고상한 뜻을 알게 된다.

8. 새벽에 일어나서 아침에 해야 할 일을 생각하고, 밥 먹은 후에 낮에 할 일을 생각하고, 잠자리에 들어서는 내일 해야 할 일을 생각해야 한다. 만일 일이 없으면 상관없으나 일이 있으면 반드시 처리할 방법을 생각한 다음 글을 읽도록 해야 할 것이다.

글을 읽는 것은 옳고 그른 것을 판단해서 실천에 옮기려는 것이므로, 만일 사물을 살피지 않고 무턱대고 읽는다면 그것은 쓸데없는 글이 될 것이다.

9. 재물이나 명예에 욕심을 내지 않고 그런 생각을 하지 않게 되더라도 어떤 일을 처리할 때 털끝만치라도 편리한 쪽을 택할 생각을 갖는다면 그것은 이익을 탐내는 것이 되므로 조심해야 한다.

10. 어떤 일을 해야 할 때, 꼭 해야 할 일이라면 정성껏 해야 하고 결코 싫증을 내거나 게을리해서는 안 된다. 또한 해서 안 될 일은 처음부터 딱 끊고, 옳고 그른 것이 서로 마음속에서 싸워선 안 된다.

11. 맹자가 한 말과 같이, "언제나 옳지 못한 일을 행하지 말아야 하며 죄 없는 한 사람을 죽이고서 천하를 얻는다고 하더라도 그것은 하지 말아야 한다."는 가르침을 가슴속에 늘 간직해야 할 것이다.

12. 나쁜 일과 어려운 일을 당했을 때 스스로 깊이 반성함으로써 상대방을 감화시키도록 해야 한다.

13. 집안사람들이 감화되지 못하는 것은 다만 자신의 성의가 모자라기 때문이다.

14. 밤에 잘 때가 아니고 아플 때가 아니면 눕지 말아야 하며, 비스듬히 기대지도 말며, 또한 밤중이라도 졸립지 않으면 눕지 말아야 한다. 그러나 억지로 할 것은 아니다.

15. 공부에 힘쓰되, 늦추지도 말고 서둘지도 말 것이다. 공부란 죽은 후에서야 그만둘 것이나, 만일 그 효과가 빨리 나타나기를 원한다면 그것 역시 이익을 탐내는 마음인 것이다.

이런 내용을 담고 있는 율곡의 자경문은 많은 사람들이 본받아 실천할 지표가 되고 있다.

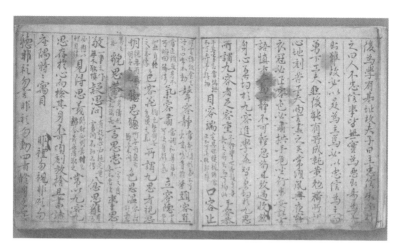

격몽요결(擊蒙要訣) | 이이, 조선/1577년, 23.7×24cm
보물 제602호, 강릉시 오죽헌 · 시립박물관 소장

율곡 이이(李珥) 연보

- 3세. 글을 읽기 시작하다.
- 5세. 어머니 사임당이 병환 중에 있어 온 집안이 분주한 틈에 외조부 사당 앞에 가서 기도하고 있었으므로 모든 사람들이 경탄하기를 금치 못하며 달려가 달래어 데리고 돌아오다. 또 어느 날 큰비가 와서 마을 앞 시냇물이 넘치는데, 내를 건너가던 행인이 발을 잘못 디디어 넘어지자 모두들 박장대소를 하였건만, 오직 선생만은 기둥을 붙들고 혼자 애를 쓰면서 걱정하다가 그가 안전하게 됨을 보고서야 안심하는 빛을 띠다.
- 6세(1541년). 강릉으로부터 어머니를 따라 서울로 올라오다(그때 서울의 집은 수진방(壽進坊), 지금의 수송동(壽松洞)과 청진동(淸進洞)이었음).
- 7세. 어머니에게서 글을 배웠는데, 스스로 문리를 통했으며,《논어》·《맹자》·《중용》·《대학》 등을 어렵지 않게 스스로 깨달아 알다.
- 8세. 파주 율곡리에 있는 집안 정자 화석정(花石亭)에 올라 시를 짓다.
- 9세.《이륜행실(二倫行實)》을 읽다가 옛날 장공예(張公藝)의 9대 가족이 모두 한 집에서 살았다는 것을 읽고 그를 사모한 나머지 형제

들이 부모를 받들고 같이 사는 그림을 그려놓고 바라보다.

- 10세(1545년). 〈경포대부(鏡浦臺賦)〉를 짓다.

- 11세(명종 원년, 1546년). 아버지가 병환이 나자 팔을 찔러 피를 내어 바치고 사당 앞에 엎드려 기도하다.

- 13세(1548년). 진사(進士) 초시(初試)에 장원으로 올라 학문의 명성이 자자해지다.

- 16세. 5월에 어머니 사임당이 별세하다. 그래서 〈어머니 행장(先妣行狀)〉을 짓다.

- 19세. 우계 성혼(牛溪 成渾, 율곡보다 1년 위)과 도의의 사귐을 맺어 평생 변하지 아니하다.
  3월에 금강산으로 들어가 불교에 투신하려 하다(어머니의 별세에 마음이 상하고 또 계모와 형 선(璿)의 알력이 심한 데서 속세를 떠나고 싶었던 것이 직접 동기였음).

- 20세(1555년). 봄에 다시 속세로 돌아와 강릉 외조모(이씨)에게로 가다. 거기서 〈스스로 경계하는 글(自警文)〉을 짓다.

- 21세. 봄에 서울 집으로 돌아오다.

- 22세. 9월에 성주(星州) 목사 노경린(盧慶麟)의 딸 곡산(谷山) 노씨에게 장가들다.

- 23세(1558년). 봄에 경상북도 예안(禮安)으로 퇴계(退溪) 이황(李滉) 선생을 찾아가 뵙고 학문을 물으니, 그때 퇴계는 율곡보다 35세 위

며, 돌아오는 길에 선산(善山) 매학정(梅鶴亭)에 들러 고산(孤山) 황
기로(黃耆老)를 만나다(이것이 인연이 되어 뒷날 아우 우(瑀)가 고
산(孤山)의 딸과 결혼하게 된 듯함).

- 26세. 5월에 아버지 이원수 공이 별세하므로 어머니 무덤에 합장
하다.
- 29세(1565년). 봄에 청송(聽松) 성수침(成守琛) 선생의 별세를 곡하
고, 이어 그의 행장을 짓다. 7월에 생원(生員), 진사(進士)에 오르다.
8월에 명경과(明經科)에 역수책(易數策)으로 장원급제하여 호조좌
랑(戶曹佐郎)에 임명되다.
- 30세. 봄에 예조좌랑(禮曹佐郎)으로 옮기다.
- 31세. 사간원정언(司諫院正言)에 임명되다. 겨울에 이조좌랑(吏曹佐
郎)이 되어 관계의 흐린 행습을 바로잡다.
- 32세. 명종(明宗) 대왕의 만사(輓詞)를 짓다.
- 33세(선조 원년, 1568년). 2월에 사헌부(司憲府) 지평(持平)에 임
명되다. 4월에 장인 노경린(盧慶麟)이 별세하다. 11월에 다시 이조
좌랑에 임명되자 강릉 외조모 이(李)씨의 병환이 급하다는 소식
을 듣고 벼슬을 버리고 강릉으로 돌아가다(이때에 간원(諫院)에서
는 본시 법전에 외조모 근친하는 것은 실려 있지 않고 직무를 함
부로 버리고 가는 것은 용서할 수 없는 일이라 하여 파직을 청하
였으나, 선조(宣祖)는 비록 외조모일지라도 정이 간절하면 가볼 수

도 있는 것이며, 또 효행에 관계된 일로 파직시킬 수는 없다 하고 듣지 아니하다).

- 34세. 6월에 홍문관(弘文館) 교리(校理)에 임명되어 7월에 서울로 올라오다. 9월에 〈동호문답(東湖問答)〉을 지어 올리다. 10월에 임금의 특별 휴가를 얻어 강릉 외조모에게로 가자, 외조모 이씨가 90세로 별세하다.

- 35세. 4월에 교리(校理)에 임명되어 서울로 돌아오다. 8월에 맏형 죽곡(竹谷) 선(璿)이 별세하다. 10월에 병으로 벼슬을 사면하고 해주(海州) 들마을로 돌아가니 거기는 바로 선생의 처가이다. 12월에 퇴계 선생의 부음을 듣고 영위를 갖추어 멀리서 곡하다.

- 36세(1571년). 정월에 해주로부터 파주 율곡리로 돌아가다. 여름에 다시 교리(校理)에 임명되어 불려 올라와, 곧 의정부 검상사인(議政府 檢詳舍人) 홍문관 부응교 지제교 겸 경연시독관(弘文館 副應教 知製教 兼 經筵侍讀官) 춘추관 편수관(春秋館 編修官)으로 옮겼으나, 모두 병으로 사퇴하고 해주로 돌아가다. 어느 날 학자들과 함께 고산(高山) 석담구곡(石潭九曲)을 구경하고 해가 저물어 돌아오다가, 넷째 골짜기에 이르러 송애(松崖)라 이름하고 기문(記文)을 지으며 또 남은 여덟 골짜기에도 모두 이름을 붙여 기록하고, 드디어

은거할 계획을 세우다. 6월에 청주목사(淸州牧使)에 임명되어 가서 전심으로 국민 교화에 힘쓰며 손수 향약(鄕約)을 기초하여 백성들에게 실시하다.

- 37세. 3월에 병으로 사직하고 서울로 올라와 여름에 율곡리로 돌아가다. 이때에 저 유명한 이기설(理氣說) 때문에 우계(牛溪) 선생과 이론을 전개하기 시작하다.

- 38세(1577년). 7월에 홍문관(弘文館) 직제학(直提學)에 임명되자 병으로 사퇴코자 했으나 허락을 받지 못하여, 부득이 올라와 세 번 상소하여 허가를 받아 8월에 율곡리로 돌아가다. 거기서 〈감군은(感君恩)〉 시를 짓다. 9월에 직제학에 임명되어 다시 올라오다.
통정대부(通政大夫) 승정원 동부승지 지제교 겸 경연참찬관(承政院 同副承旨 知製敎 兼 經筵參贊官) 춘추관 수찬관(春秋館 修撰官)에 임명되다.

- 39세. 정월에 우부승지(右副承旨)에 오르고 이른바 〈만언봉사(萬言封事)〉를 지어 올려 시국을 바로잡기에 애쓰다. 3월에 사간원(司諫院) 대사간(大司諫)에 임명되다. 6월에 서자 경림(景臨)이 나다. 10월에 황해도 관찰사(觀察使)에 임명되다.

- 40세(선조 8년, 1575년). 이른바 동서당쟁(東西黨爭)이 시작되다. 9

197

월에 〈성학집요(聖學輯要)〉를 지어 올리다.

- 41세. 2월에 율곡리로 돌아가다. 10월에 해주 석담(石潭)으로 돌아가 먼저 청계당(聽溪堂)을 짓다.

- 42세. 정월에 석담(石潭)에서 종족들을 모으고 〈같이 살며 서로 경계하는 글(同居戒辭)〉를 지어 읽히다. 사당을 짓고 죽은 맏형의 부인 곽(郭)씨로 하여금 종가 신주를 모시고 와서 거하게 하며, 진심으로 위로해 드리는 한편, 서모도 극진히 봉양하다. 12월에 《격몽요결(擊蒙要訣)》을 짓다. 그리고 또 향약(鄕約)을 만들어 고을의 폐습을 바로잡고, 사창(社倉) 제도를 실시하여 가난한 백성들을 경제적으로 구출하기에 힘쓰므로 모든 국민의 칭송을 받다.

- 43세. 고산 석담구곡(石潭九曲)이 마치 저 송(宋)나라 주자(朱子)의 무이구곡(武夷九曲)과 같다 하여 그 다섯째 골짜기 청계당(聽溪堂) 동쪽에 은병정사(隱屛精舍)를 짓고, 무이도가(武夷棹歌)를 본떠서 고산구곡가(高山九曲歌)를 짓다. 3월에 대사간(大司諫)에 임명되어 올라와 은혜에 감사하고, 4월에 율곡리로 돌아가다. 5월에 다시 또 〈만언소(萬言疏)〉를 올리다. 겨울에 석담으로 돌아가다.

- 44세. 3월에 〈도봉서원기(道峯書院記)〉를 짓다. 서자 경정(景鼎)이 나다. 《소학집주(小學集註)》를 탈고하다.

- 45세. 5월에 《기자실기(箕子實記)》를 편찬하다. 12월에 대사간(大

司諫)으로 불려 올라오다. 정암 조광조(靜菴 趙光祖)의 묘지명을 짓다.

- 46세(1581년). 4월에 백성들을 구제하는 방책을 토의하기 위한 회의를 열자고 주청하여 실시하다. 6월에 가선대부(嘉善大夫) 사헌부 대사헌(司憲府 大司憲)으로 특별 승진하다. 10월에 자헌대부(資憲大夫) 호조판서(戶曹判書)에 오르다.

- 47세. 정월에 이조판서(吏曹判書)에 임명되다. 7월에 〈인심도심설(人心道心說)〉을 지어 올리다. 그리고 〈김시습전(金時習傳)〉과 〈학교모범 및 사목(學校模範及事目)〉을 지어 올리다. 8월에 형조판서(刑曹判書)에 임명되다. 9월에 숭정대부(崇政大夫)로 특별 승진하고, 의정부 우찬성(議政府 右贊成)에 임명되어 또 〈만언소(萬言疏)〉를 올리다. 10월에 명(明)나라로부터 오는 사신(한림원 편수(翰林院編修) 황홍헌(黃洪憲)과 공과급사중(工科給事中) 왕경민(王敬民))을 영접하는 원접사(遠接使)의 명령을 받들다. 12월에 다시 병조판서(兵曹判書)에 임명되다.

- 48세. 2월에 시국에 대한 정책을 개진하다. 4월에 또 시국 구제에 관한 의견 〈시무육조(時務六條)〉를 써서 간곡한 상소를 올렸는데, 그 내용은 불필요한 벼슬을 도태할 것, 고을들을 병합할 것, 생산을 장려할 것, 황무지를 개간할 것, 백성들에게 과중한 부담이 되어 있는 공납(貢納)에 대한 법규를 개혁할 것, 성곽을 보수할 것, 군

인의 명부를 정확히 할 것, 특히 서자들을 등용하되 곡식을 가져다 바치게 하고, 또 노예들도 곡식 가져다 바침에 따라 양민으로 허락해주자는 것들이다. 그리고 또 국방을 든든히 하기 위하여 10만 명의 군인을 양성해야 할 것을 주장하다.

6월에 북쪽 오랑캐들이 국경을 침략해 들어온 사실로 삼사(三司)의 탄핵을 입어 인책사직하고 율곡리(栗谷里)로 돌아갔다가 다시 해주 석담(石潭)으로 가다. 9월에 판돈녕부사(判敦寧府事)에 제수되고 또 이조판서(吏曹判書)에 임명되다.

- 49세(선조 17년, 1584년). 정월 16일에 서울 대사동(大寺洞) 집에서 별세하다. 3월 20일에 파주(坡州) 자운산(紫雲山)에 장사지내다. 그리고 별세한 지 40년 뒤 인조(仁祖) 2년(1624년) 8월에 문성(文成)이라는 시호를 받다.

시집 한양으로 떠나는
사임당의 눈물

사임당은 38세 되던 해, 홀로된 62세의 어머니를 강릉에 남겨두고 떨어지지 않는 발걸음을 옮겨 시댁 한양으로 가야만 했다. 그때 율곡의 나이는 여섯 살이었다.

사임당에게 있어서는 자기를 낳아준 친정어머니도 소중하지만, 남편을 낳아준 시어머니도 소중하기는 마찬가지였다. 친정어머니는 환갑을 지낸 나이였는데도 아직 정정한 데 비해 한양의 시어머니는 그렇지가 못했다. 그래서 사임당은 오랜 친정 생활을 떠나 한양 시댁으로 올라가야 했다.

이제 떠나면 언제 강릉으로 돌아올 수 있을지 기약이 없었다. 영영 친정어머니를 다시 만나지 못할 것 같아 눈물이 앞을 가렸다.

"어머님, 부디 몸조심하시옵고……."

떠날 채비를 끝낸 사임당은 말끝을 맺지 못했다.

"내 걱정은 말고 어서 떠나거라. 가서 시어머님 편히 모시고 살림 알뜰히 해야 하느니라."

"예, 어머님."

사임당의 목소리에는 눈물이 배어 있었다. 정정하시다고는 하나 부양해줄 자식 하나 두지 못한 어머니. 그런 어머니를 생각하니 자꾸만 눈물이 나왔다.

"어서 가마에 오르거라."

"예, 어머님."

사임당은 마침내 가마에 올랐다. 율곡과 이제 막 세 살이 된 막내딸과 함께였다. 나머지 아이들은 다음에 남편이 데려가기로 했기 때문에, 당분간 강릉에 더 머물러 있어야 했다.

"할머님, 오래오래 사십시오. 제가 반드시 훌륭한 사람이 되어 할머니를 모시겠습니다."

막 가마가 출발하려고 할 때였다. 가마 안에서 율곡이 머리를 내밀고 외할머니에게 이렇게 말했다.

여섯 살 난 철부지가 하는 말에 외할머니는 가슴이 아팠다. 저렇게 똑똑한 외손자까지 한양으로 올려 보내야 하다니, 그러나 '한양으로 가면 더욱 훌륭한 스승 밑에서 공부를 하게 될 것이야.' 하고 마음을 달랬다.

"오냐, 오냐! 부디 훌륭한 사람이 되어야지. 이 할머니가 오래 살아서

네가 훌륭하게 되는 것을 지켜보아야지!"

외할머니는 흐르는 눈물을 닦았다.

사임당과 율곡, 그리고 율곡의 동생이 탄 가마는 한양으로 출발했다. 가마는 마을을 벗어나 아흔아홉 굽이를 돈다는 대관령 고갯길로 접어들고 있었다. 이 고개를 넘으면 이제 마을조차 보이지 않게 되는 것이었다. 생각 같아서는 친정집으로 다시 돌아가고만 싶었다. 그러나 그럴 수도 없는 사정이었다.

가마가 대관령 고개 위에 올랐을 때는 벌써 해가 서산으로 기울어지고 있었다.

"힘도 드는데 좀 쉬었다 감세."

"무슨 소리야. 해가 지기 전에 이 고개를 넘어야지. 어서 서둠세."

"그래도 좀 쉬었다 가는 게 좋겠는데……."

사임당은 밖에서 가마꾼들이 주고받는 말을 들었다.

"고개를 다 올라왔느냐?"

이제껏 친정어머니와 이별하는 슬픔에 잠겨 있던 사임당이 물었다.

"예, 마님. 이제 다 올라왔습니다."

"그럼 잠시 쉬어가기로 하자."

고갯길을 올라오느라 지쳐 있던 가마꾼들은 사임당의 말이 떨어지기가 무섭게 냉큼 가마를 땅에 내려놓았다.

사임당은 가마에서 내렸다. 그리고 산 아래 친정집이 있는 마을을 하염없이 바라보고 서 있노라니 눈가에 주르르 눈물이 흘렀다. 사임당은 눈물을 닦을 생각조차 잊은 듯 친정집이 있는 마을만을 내려다보고 서 있었다.

사임당은 이제껏 고향집을 벗어난 적이 없었다.

이제는 홀로 외롭게 사셔야만 할 어머니, 얼마나 적적하고 쓸쓸하실까. 사임당은 좀처럼 가마에 오르려 하지 않았다.

"마님, 이제 날이 어두워지기 시작합니다."

가마꾼이 조심스레 말을 건넸지만, 사임당은 여전히 친정집이 있는 마을 쪽으로만 시선을 던져 놓고 있었다.

"마님, 서두르지 않으시면 밤늦게나 주막집에 닿게 됩니다. 이제 그만 가마에 오르시지요."

이번에는 다른 가마꾼이 좀 큰 소리로 사임당에게 말했다.

"그래. 알겠다."

그제야 사임당은 흐르는 눈물을 닦으며 가마에 올랐다. 가마꾼들은 대관령 고개에서 너무 오랫동안 지체했기 때문에 서둘러 걸었다. 이때 사임당은 흔들리는 가마 안에서 친정어머니에 대한 그리움으로 눈물을 흘리며 시 한 편을 지었다.

〈유대관령망친정(踰大關嶺望親庭)〉

늙으신 어머님을 고향에 두고
외로이 한양으로 가는 이 마음
머리 들어 돌아보니 북촌은 아득도 한데
흰 구름만 저문 산을 날아 내리네.

이 시는 친정어머니를 강릉땅에 혼자 두고 떠나야 하는 사임당의 지극한 효성이 잘 나타나 있다.

1, 2구에서는 백발이 되신 어머니를 홀로 두고 어쩔 수 없이 한양 시댁으로 돌아가야 하는 쓸쓸한 마음을 담았고, 3, 4구에서는 대관령 굽이를 돌 때마다 어머니 계신 곳을 바라보지만 어머니 계신 곳은 아득하고 다만 그곳에는 흰 구름만 외로이 떠갈 뿐이라고 하였다.

한양 살림을 시작한 사임당은 시어머니를 극진히 모시는 한편, 남편을 섬기는 일에도 지극정성을 다했다. 그리고 자녀들의 교육에 더욱 힘을 기울였다.

사임당의 자녀 교육은 엄격했다.

세 살 버릇이 여든까지 가지 않도록 하기 위하여 사임당 스스로가 모범을 보였다.

"오늘 너희들이 한 짓은 내일이면 고치기 어렵고, 아침에 지난 행위를 뉘우치면서도 저녁이면 또 고치기 어려우니 모두들 행동을 조심하거라!"

사임당은 늘 행동 하나하나에 이르기까지 자녀들의 교육에 성심을 다했다.

차츰 한양 살림에 익숙해지기 시작했다. 그러면서도 사임당은 친정어머니 생각에 밤잠을 못 이루는 때가 많았다.

'무엇을 하고 계실까?'

사임당에게는 이런저런 어머니에 대한 걱정이 끊이지를 않았다.

〈어머니가 그리워[思親]〉

산이 첩첩 내 고향 여기서 천 리이건만

자나 깨나 꿈속에도 돌아가고파

한송정 가에서 외로이 뜬 달

경포대 앞에는 한 줄기 바람

갈매기는 모래 위로 흩어졌다 모이고

고깃배들은 바다 위로 오고 가겠지

언제나 고향길 다시 밟아 가

색동옷 입고 어머니 곁에서 바느질할꼬.

이 시는 사임당이 38세 이후에 지은 것으로, 시상이 비단결처럼 고와 여성이 아니고서는 그려낼 수 없는 명작이다.

고향 강릉땅과 친정어머니를 그리워하며 시를 짓기도 했으나, 그렇다고 마음이 달래지지는 않았다.

'불쌍한 우리 어머니……'

밥을 먹다가도 혹은 밤에 문득 잠에서 깨어서도 사임당에게는 온통 어머니 생각뿐이었다. 그렇기 때문에 율곡을 비롯한 모든 자녀들도 효행심이 깊을 수밖에 없었다. 자라면서 사임당의 효행심을 본받았기 때문이었다.

"어머님께선 늘 강릉 친정집을 그리워하셨으며, 밤중에 사람 기척이 조용해지면 반드시 눈물을 흘리며 울고, 어떤 때는 새벽이 되도록 잠을 이루지 못하였다."

이 글은 율곡이 어머니에 대해 남긴 기록 중의 한 대목이다.

또 이런 기록도 있다.

"친척집의 하녀가 거문고를 가지고 와서 탄 적이 있었다. 그때 어머니께서 거문고 소리를 들으시고 너무 감회가 깊으신 나머지 그만 눈물을 흘리셨다. 그리하여 집안의 모든 사람이 함께 슬픔에 잠기기도 했다."

이처럼 사임당의 친정어머니에 대한 애틋한 정은 그녀를 충실하고 효성스럽게 길러준 어머니에 대한 지극한 효심의 발로로 그녀가 성리학적 소양에 충실했던 일면을 보여준다.

물론 그녀가 남긴 여러 수의 시 또한 그녀의 문학적 소질과 일상생활을 역력히 되새겨볼 수 있는 중요한 지표이기도 하다. 이로 미루어 사임당의 다정다감한 면을 엿볼 수 있게 된다. 이러한 심성이었기에 때문에 시를 짓고, 그림도 그릴 수가 있었을 것이다.

사임당은 어려운 살림 속에서도 자식들에 대한 희망을 가지고 살았다. 그중에서도 율곡은 재주가 뛰어나 사임당에게 큰 희망을 주었다.

율곡은 7세에 벌써 사서삼경을 다 배웠으니, 그의 재주가 얼마나 뛰어났던가를 가히 짐작할 수 있다. 그리고 율곡이 8세 되던 해 가을에, 파주 율곡촌의 화석정으로 소풍을 갔다. 율곡은 이곳의 아름다운 가을 경치에 취해 시를 지었다.

숲속 정자를 가을에 오르니
산란한 나그네 마음 끝이 없구나

물은 멀리 푸른 하늘과 잇닿아 있고
서릿바람 차갑게 황혼에 부네

산은 외로운 둥근 달을 솟게 하고
강물은 만 리나 먼 바람을 생각하누나

차가움에 기러기는 어디로 가는고
구름 속 깊숙이 우는 소리 들리네.

이 시는 한양 장안에 있는 여러 시인과 묵객(墨客)들까지도 탄복시켰다. 이처럼 율곡은 글을 잘 지을 뿐만 아니라 옳고 그름을 구별하는 판단에도 뛰어났다.

"아버님께선 집안 살림을 잘 모르셨다. 그렇기 때문에 살림이 넉넉하지 못한 관계로, 어머님께서는 매우 근검절약하여 생활하셨다. 그런 어려운 생활 속에서도 사소한 일이라도 반드시 시어머님께 아뢰고 받들어 상의하셨으며, 주변의 이웃들에게도 항상 부드러운 말씀으로 대하시어 집안의 화목을 위해 힘쓰셨다. 간혹 아버지께서 실수하시면 반드시 그 잘못을 지적하시고, 자식들을 훈계하실 때도 옳게 꾸짖으시어 집안 식구들이 모두 어머니를 받들어 모셨다."

율곡이 남긴 이러한 기록들은 한양 시댁에서의 생활을 잘 말해주고 있다.

사실 남편 이원수는 비록 학문이 있고 마음이 좋은 사람이었으나, 아직 벼슬을 하지 못하고 있었다. 그렇기 때문에 집안이 가난할 수밖에 없었다. 그러나 사임당은 이러한 가난한 생활 속에서도 남편을 원망하거나 짜증을 내는 일이 없었다. 오히려 옳지 못한 방법으로 재산을 모은다든가 벼슬을 하느니보다는 가난한 살림 쪽을 택했다.

이원수에게도 벼슬을 할 수 있는 기회가 있었다. 그것은 이원수의 친척 되는 사람이 나라에 큰 공을 세워 영의정에 오른 것이다. 당시에 영의정이라면 의정부의 으뜸가는 벼슬이었다.

그 사람이 바로 이원수와 같은 덕수 이씨로 5촌 당숙이 되는 이기(李芑)였다. 이기는 당대의 큰 세도가였으며, 풍성부원군이라고 하는 봉작까지 받은 사람이었다.

이원수는 이기의 집을 자주 드나들기 시작했다. 벼슬자리라도 한 자리 얻어보려는 속셈이었다. 그러나 사임당은 남편의 그런 속셈을 알고부터는 이기의 집에 드나드는 것을 적극 만류했다. 이기가 옳지 못한 방법으로 영의정의 자리에 올랐기 때문이었다.

"사화(士禍)를 일으켜 옳지 못하게 얻은 벼슬은 오래갈 수가 없습니다. 그러니 당신도 그분의 힘을 얻어 벼슬을 하려고 하지 마십시오."

사임당은 남편 이원수에게 말했다. 그것은 이기가 을사사화(乙巳士

禍)를 일으켜 벼슬을 한 사람이었기 때문이었다.

을사사화는 1545년에 일어난 사건이다. 명종이 12세의 어린 나이로 왕위에 오르자, 명종의 어머니인 문정왕후가 명종을 도와 정치를 하게 된 것을 기화로, 문정왕후의 동생인 윤원형이 세력을 잡으려고 날뛰었다. 소윤(小尹)의 거두 윤원형은 문정왕후의 동생으로서 벼슬이 영의정에 이르렀다. 그리고 한 시대의 악랄했던 정난정이 윤원형의 부인이었다. 명종이 즉위하고 소윤(小尹)파가 득세하자 을사사화를 일으켜 윤임 등의 대윤(大尹)파를 몰살시켰던 것이다.

이때 이기는 윤원형과 함께, 이를 반대하는 충신들과 죄 없는 많은 선비들을 죽이고 세력을 잡은 것이었다.

그러나 사임당의 남편은 벼슬길에 오르는 것을 망설였다. 아무래도 이기의 힘을 빌리지 않고는 벼슬길에 오를 자신이 없었다.

"옳지 못한 분들과 휩쓸려서는 안 됩니다. 벼슬을 하지 못해도 좋으니 그 집 출입을 하지 마십시오. 당신이 제 말을 듣지 않으면 나중에 반드시 후회하실 것입니다. 그러니 제발 제 말을 들어주십시오."

사임당의 주장이 이토록 단호했기 때문에 이원수도 어쩔 수가 없었다. 그로부터 이원수는 이기의 집을 드나들지 않았다.

과연 사임당의 예언은 적중했다. 이기가 을사사화를 일으킨 윤원형 등과 함께 심판을 받게 되었을 때, 사임당의 남편 이원수는 아내의 말을 들었기 때문에 화를 면할 수가 있었다.

사임당은 그토록 어려운 살림을 하면서도 부정한 방법으로 재산을 모으려고 하지도 않았고, 부정한 방법으로 남편이 벼슬길에 오르는 것을 바라지도 않았다.

이것은 사임당에게 항상 옳게 살려는 뚜렷한 정의감이 있었던 탓이었다. 그랬기 때문에 이기에게 의지하여 벼슬자리를 얻으려던 남편을 만류할 수가 있었던 것이다.

사임당은 38세에 한양으로 올라온 뒤, 10년 동안 수진방(현, 종로구 수송동과 청진동)에 살다가, 48세 되던 해 봄, 삼청동으로 이사하여 여생을 마쳤다.

사임당이 세상을 떠나던 해에 남편 이원수는 수운판관으로 황해도에 출장을 갔었는데, 돌아오는 날 부인 사임당이 사망했다.

당시 평안도에서 가져온 행장 가운데 놋그릇이 있었는데, 그것을 마포나루에서 잠시 쉬면서 꺼내보니 빨갛게 변해 있었다고 전한다.

사임당의 넷째 아들,
이우(李瑀)

사임당의 넷째 아들이요, 율곡의 아우인 우(瑀)는 처음 이름이 위(瑋)요 뒤에 우(瑀)로 고쳤는데 혹은 우(珝)로도 적었다. 자는 계헌(季獻)이요 호는 옥산(玉山)이요 또 죽와(竹窩) 기와(寄窩)라고도 불렀다.

중종(中宗) 37년(1542) 7월 9일에 서울에서 나니 율곡보다는 6년 아래요, 광해(光海) 원년(1609) 5월 27일에 선산(善山)에서 별세하니 향년 68세였다. 시호는 문헌(文憲)이다.

일찍 26세에 생원(生員) 시험에 올라 경기전(慶基殿) 참봉(參奉)에 임명되었으나 먼 곳이라 취임하지 아니하고 그 뒤에 빙고별좌(氷庫別坐), 사복시(司僕寺) 주부(主簿), 비안현감(比安縣監), 사헌부(司憲府) 감찰(監察), 상의원(尙衣院) 판관(判官), 그 뒤에 괴산(槐山) · 고부(古阜) 두 고을의 군수를 역임하고 벼슬은 군자감정(軍資監正)으로 그쳤으며 학문

213

과 예술로 이름이 높았고 다시 그 뒤에 덕망으로도 모든 사람의 칭송을 받았다.

그래서 일찍 비안(比安) 고을에 갔을 때 그 고을 관리와 백성들이 어떻게나 그를 경모하고 추대했던지 만기가 되고도 그들의 소원을 따라 7년이나 거기서 더 머물러 있기까지 했던 것이다.

또 앞서 20세에 아버지 원수(元秀) 공이 세상을 떠난 뒤에는 무덤 앞에 막을 치고 거하며 효성을 다했고, 서모(庶母)가 있어 무척 악한 편이었건만 형 율곡과 함께 모든 일에 평화를 유지할 수 있도록 정성을 다했다. 또 형 율곡이 별세한 이후에도 형의 유족을 진심으로 돌보았다는 기사들을 보면 과연 그의 심성이 얼마나 어질고 온유했던 줄을 짐작할 만하다.

더구나 송우암(宋尤菴)이 지은 그의 묘갈문(墓碣文)에 "율곡이 해주(海州) 석담(石潭)에 집을 짓고 틈만 있으면 반드시 술상을 차려놓고서 아우를 시켜 거문고를 타게도 하고 또 시도 지으며 서로 같이 즐기면서 스스로 이르되 지기(知己)라 하였다."고 적혀 있음을 보면 형제 중에서도 특히 율곡과 옥산이 우애 있게 잘 지냈음을 알 수 있다.

또 괴산(槐山) 군수로 있을 적에는 마침 임진왜란을 만나 51세 때인데 장정들을 모집하여 왜적과 항전하였으되 공로는 오히려 관리와 병졸들에게 돌렸고, 또 적의 오고 가는 정황을 살펴서 백성들로 하여금 농사를 짓게 하여 온 고을이 모두 기근을 면했던 것이므로 뒤에 조정으로부터 내리는 선무원종훈(宣武原從勳)의 전쟁 공로자 표창에 참례했다.

　그러나 이런 모든 것은 옥산의 생애 중에 있었던 한 토막 일화에 지나지 아니하고, 실상 그의 생명은 이른바 거문고 · 글씨 · 시 · 그림 등 네 가지 뛰어난 재주에 있었다. 옥산은 참으로 드물게 보는 천재적 예술가였다.

　첫째로 거문고에 있어서는 율곡이 매양 옥산으로 하여금 거문고를 타게 했는데 그 소리가 맑고 웅장하여 듣는 이들이 모두 다 화평해지는 것이었다는 기록만이 아니라, 외재(畏齋) 이단하(李端夏)의 〈옥산전(玉山傳)〉에 "상고하건대 거문고 보표에 올려 세상에서 옛 곡조라고 타는 것들은 모두 공이 선정한 것이라." 한 것으로써도 그가 거문고의 대가(大家)였음을 알 수 있다.

　둘째로 글씨에 대해서는 옥산의 장인이요 스승일 뿐만 아니라 우리 역사에서 이른바 초성(草聖)이라 하여 초서에서는 제 1인자의 칭호를 듣던 고산(孤山) 황기로(黃耆老) 선생이 일찍 그의 초서 쓰는 법을 칭찬하여 말하되 "곱게 쓰기는 나만 못하되 웅건하기는 나보다 낫다." 하기까지 한 것을 보아, 그의 글씨가 과연 어느 정도의 위치에 있다는 것을 짐작할 수 있다.

　송우암(宋尤菴)도 〈옥산시고서(玉山詩稿序)〉에 "옥산의 글씨는 정묘하고 웅건하여 용과 뱀이 날아 올라가는 것 같아 그 글씨를 얻는 자는 저 값진 보석보다 더 귀중히 여기는 것이다." 하여 이미 옛날부터 그의 글씨가 높이 평가되어 온 것을 증거하였다.

뿐만 아니라 옥산의 글씨 쓰는 재주가 어찌나 정교했던지 깨알 하나에다가 '귀(龜)' 자를 능히 썼고, 또 팥을 두 쪽으로 쪼개어 그 한쪽 바닥에다가 오언절구(五言絶句) 스무 자를 능히 쓰되 점과 획에 모두 제대로 글씨의 체법을 조금도 잃지 않았더라는 것이다.

셋째로 시(詩)에 대해서는 옥산 자신도 그다지 득의해 하지는 않았고, 또 세상도 그리 높이 인정하지 않았다. 그리고 그나마도 거의 다 잃어버려 여기서 그의 시를 평할 만한 자료를 갖고 있지 않아 유감스럽다. 그러기에 송우암(宋尤菴)도 옥산의 증손인 동명(東溟)이 옥산의 시 겨우 몇 편을 구하여 편찬한 《옥산시고(玉山詩稿)》에 서문을 쓰면서, "부스러기 금이요 조각 보옥이라. 작을수록 더 기특하다." 하였다.

그러나 그의 시는 그림이나 글씨에 비하여 높은 경지에까지 이른 것으로 평할 수는 없는 것이 사실이다. 그런데 그는 평소에 거문고나 글씨나 그림 같은 것에 많은 힘을 기울였기 때문에 시나 학문 방면에는 손색이 있을 수밖에 없었다.

율곡도 평소에 늘 말하되 "내 아우로 하여금 학문에 종사하게 했던들 내가 따르지 못했을 것이다." 하였으니 그 말은 그의 재질을 칭탄(稱

歎)한 것으로, 그가 시나 학문에는 전공적으로 나가지 않았던 것을 증거한 것이기도 하다.

넷째로 그림에 대해서는 그의 8대손 되는 이서(李曙)의 〈집안에서 전해 오는 서화첩 발문〉에, "그림의 품격이 조화를 뺏어 일찍 묵화로 풀벌레를 그려내어 길에다 던지자 뭇 닭이 한꺼번에 쫓는 것이었다."라고 말한 것이 있다. 이 일화는 어머니 사임당의 일화에도 적혀 있는데 모두 아울러 사임당이나 옥산의 그림이 그만큼 정묘한 경지에까지 갔더라는 것을 의미하는 기사라고 볼 수 있다.

이같이 옥산은 7남매 형제 중에서도 누이 매창과 더불어 어머님 사임당의 예술적인 전통을 이어받았다. 그와 동시에 우리나라 역사상 초서를 제일 잘 쓰기로 유명한 고산(孤山) 황기로(黃耆老)의 무남독녀에게 장가들어 그 장인의 지도를 받았으므로, 글씨는 실로 고산의 전통을 받았다 하여도 과언이 아닐 것이다.

뿐만 아니라 그는 뒤에 처가 고향인 선산(善山)에서 살았고, 장인의 모든 유업을 상속받아 낙동강 위 고산(孤山) 밑 매학정(梅鶴亭)의 주인이 되었던 것이며, 죽어서도 선산(善山) 무래산(無來山) 아래 묻혔고 부인 황(黃)씨도 거기에 합장하였다.

옥산은 사임당의 그림 재주를 딸 이부인에게도 전수하여 물려준 장본인이기도 하다.

사임당의 자손들, 즉 만딸 매창과 막내아들 옥산, 그리고 옥산의 딸 이부인 모두 조선 초기에서 조선 중기로 넘어가는 과도기에 다양한 화폭의 작품을 남겨 오늘날 귀중한 작품으로 간주된다.

옥산의 아들은 경절(景節) 한 명인데 버슬은 사의(司義)요, 딸은 여섯 명으로 정유성(鄭維城), 권상정(權尙正), 이시발(李時發), 권진(權縉), 권태일(權太一), 김치(金緻) 등에게 출가했다.

아들 경절의 장손 집(緝)이 낳은 동명(東溟)이 증조부(옥산)와 고조모(사임당)의 작품들을 수집하고 보관함에 극진한 정성을 다하여 오늘날 그 집안에서 유전해 오는 서화첩이 있게 된 것이다.

그리고 이 집안에서는 대대로 황고산(黃孤山)의 제사까지 받드니 그 또한 아름답다 할 것이다.

옥산의 시 몇 편을 소개한다.

〈감천에서 비를 만나 고산에 이르러 짓다〉

낙동강 나룻가에 날리는 빗발
어깨 위에 흩뿌려 옷 적시더니

늦을 녘에 눈이 되어 바람에 불려

고산(孤山)은 온 산 나무 모두 매화구나.

〈누가 내 집을 묻기에 시로써 대답하다〉

내 집이 어느 곳에 있느냐고요

저 산 밑 물가에 사립 닫은 집

이따금 모랫길에 구름이 덮여

사립은 안 보이고 구름만 뵈죠.

제4부_____
신사임당을 기리며

사임당의 외로운 죽음

사임당이 생애 최고의 기쁨을 느낀 것은 율곡이 과거에 급제했을 때였다.

사실 사임당은 아들 율곡을 과거장에 보내놓고 마음을 졸였다. 4남 3녀의 자녀 중 가장 기대를 걸었던 율곡이었다. 그동안 일곱 자녀에게 쏟았던 정성은 한결같았으나, 유달리 율곡에게는 많은 기대를 걸고 있었다.

남편 이원수와 결혼하여 아직 남편은 벼슬길에 오르지 못하고 있지 않은가. 진즉에 10년 동안 학문을 쌓을 것을 권유했었지만, 3년 만에 학문을 닦는 일을 단념한 남편에게 걸었던 기대를 아들 율곡에게 걸고 있었던 것이다.

그런 까닭에 사임당의 가슴은 떨렸다. 이미 천재 소년으로 이웃 마을까지 소문이 자자하기는 했지만, 수많은 어른 선비들을 물리칠 수가 있을까 걱정이 됐다.

이윽고 승정원 관리들의 감독 하에 글제가 나오자, 율곡은 서슴없이 써내려가 제일 먼저 시험관에게 답안을 올렸다.

시험관들은 율곡의 답안을 보고 감탄하여 그를 장원으로 뽑았다. 또한 시험관들은 율곡의 재주를 한껏 칭찬하고, 앞으로 더욱 공부에 힘써서 다음 대과에 합격하도록 노력하라고 격려해 마지않았다.

이때 사임당의 나이 45세였다.

열세 살짜리 소년이 당당히 진사 초시에 합격하자, 천재 소년이 나타났다며 승정원의 관리들이 깜짝 놀랐다. 승정원은 왕이 내리는 교서나 왕께 올리는 글을 맡아보던 관청을 말한다.

"누구 집 자손인지는 모르겠으나, 나라에 경사가 났네."

"암 그렇고말고. 이렇게 영특하다니!"

승정원의 관리들은 모두들 한 마디씩 했다.

사임당의 기쁨은 이루 형용할 수가 없었다. 사임당뿐만이 아니었다. 시어머니를 비롯한 남편 이원수의 기쁨 또한 이만저만한 것이 아니었다.

"이게 모두 당신 덕이 컸음이요."

이원수는 그 공을 사임당에게 돌렸다.

"어찌 제 덕이라고 하십니까. 율곡의 노력이 더 컸다고 해야 할 것입니다."

사임당의 말에 이원수는 염치가 없었다. 아내가 권했던 대로 10년 동안 학문을 닦았더라면 하는 아쉬움이 남았다. 그러나 뒤늦게 후회해본들 이미 때는 늦었다. 모든 일에 노력이 뒤따르지 않고서야 무엇을 바랄까 하는 생각이 절실했다.

율곡의 급제 소식은 강릉 북평마을에까지 삽시간에 퍼졌다.

사임당의 어머니인 율곡의 외할머니는 덩실덩실 춤이라도 추고 싶었다.

"장하도다. 장하여!"

사임당의 어머니는 외손자의 급제 소식에 너무나 기뻐서 눈물을 글썽였다.

"내 그럴 줄 진즉에 알았지."

집으로 모여든 마을 사람들의 손을 잡고 기쁨을 감추지 못했다.

그동안 사임당의 어머니는 한양으로 올라간 딸 걱정뿐이었다. 사위 이원수가 벼슬자리에 있는 것도 아니고, 그렇다고 살림이 풍족하지도 않다는 것을 잘 알고 있었기 때문에 딸을 생각할 때마다 가슴이 아팠다.

한양의 살림이 그러하였는지라, 많은 자식들을 이끌고 몇 번씩이나 이사를 해야 했던 사임당 또한 단 한 번도 어머니 생각을 잊어본 일이 없었다.

강릉의 어머니가 '많은 자식들과 하루 밥 세끼나 제대로 끓여 먹고 살아가는지…….' 하고 걱정을 할 때, 한양의 사임당은 '늙으신 어머님께서는 얼마나 고생이 되실까. 진지나 제대로 해 잡수시는지…….' 하는 염려뿐이었다.

이런 사임당에게 또 하나의 기쁨이 찾아왔다. 그야말로 율곡의 급제에 이은 경사인 셈이었다.

남편 이원수가 조세의 곡물을 운반하는 것을 관리 감독하는 수운판관이라는 벼슬자리를 얻게 된 것이다. 율곡이 과거에 급제한 2년 뒤였으니까 사임당의 나이 47세이고, 이원수는 50세였다. 비록 보잘것없는 벼슬자리이기는 하였으나, 율곡이 급제했을 때만큼이나 사임당의 기쁨은 컸다.

"당신이 벼슬을 하시게 되었다니, 꿈만 같습니다."

사임당이 남편 이원수에게 말했다.

"당신에게는 부끄러운 일이지마는 아이들에게는 조금 체면이 서는 것 같소."

이원수는 이렇게 말해놓고 부끄러운 듯 껄껄 웃었다. 나이 50세에 그것도 말단 벼슬이고 보니, 아내에게 염치가 없어 웃는 웃음이었다.

"아무튼, 나 또한 이렇게나마 된 것이 당신의 덕인가 하오."

"천만의 말씀이십니다. 어찌 그것이 제 덕이라 하십니까?"

사임당은 이런 남편이 고마웠고, 남편은 이러한 사임당의 마음 씀씀이가 고맙기만 했다.

"이제는 제가 죽어도 걱정이 없겠어요."

사임당이 말했다.

"왜 이리 기쁜 날에 죽는다는 말을 하시오."

아내의 말을 받아 이원수는 말했다.

"그냥 해보는 소리입니다."

"이제 당신도 호강을 해봐야 되지 않겠소?"

"밥술이나 먹게 됐다고 해서 호강이라고는 생각지 않습니다. 집안이 화목하였으니 진작부터 저는 호강하고 살아온 셈이지요. 재물을 쌓아 놓고서도 불행하고 불안한 마음으로 살아가는 사람들이 얼마든지 있 답니다."

"당신 말이 옳구려."

이원수는 아내의 말이 옳다고 생각했다. 사람이 세상을 살아가는 데 있어서 재물이 최고일 수는 없었다.

"그런데 이 기회에 한 말씀 드릴 것이 있습니다."

사임당은 조금 침울한 기색으로 말했다.

"말해 보시구려."

"우리가 자녀 칠남매를 두었습니다."

"알고 있소."

"저는 늘 칠남매나 되는 아이들 걱정을 해왔습니다."

"그것도 알고 있소."

"그러니 혹시 제가 먼저 죽더라도 새장가는 가지 말아주십시오."

사임당은 남편의 표정을 살폈다.

"왜 그런 불길한 말을 하시오."

이원수는 아내가 이런 말을 하는 까닭을 알 수 없었다.

"사람의 일을 어찌 알 수 있습니까? 그래서 미리 다짐을 해두는 것입니다."

그러면서 사임당은 말을 이었다.

"중국 송나라 유학자 주자라는 분은 마흔일곱에 부인을 잃고서도 새장가를 들지 않았습니다. 그때 맏아들은 장가를 가기 전이라 집안에 살림할 사람이 없었는데도 그러했습니다."

사임당은 예의와 학식도 깊었지만, 사리에도 밝았다. 그래서 늘 생각하기를 자기가 죽은 후 남편이 새장가라도 들게 되면 자녀들이 고생이라도 할까 하여 걱정하는 말이었다.

"알겠소. 그러나 죽는다는 말을 함부로 입에 올리지 마시오."

"그리하겠습니다."

사임당은 공손히 대답했다.

이후부터 집안 형편이 차츰 좋아지기 시작했다. 그래서 조금 큰 집을 마련하여 이사를 했다. 이원수는 이사를 하고 멀리 평안도로 출장을 가게 되었다. 수운판관이라는 벼슬이 본래 지방에서 조세로 바치는 곡식을 한양으로 실어 오는 임무였기 때문에 어쩔 수가 없었다.

금번 이원수의 출장길에는 율곡과 맏아들 선이 동행하기로 되어 있었다.

"아버님을 잘 모시고 조심히 다녀오도록 하거라."

사임당은 두 아들들에게 몇 번이나 당부를 했다.

"하루 세 끼 진지를 꼭 잡수시도록 너희들이 잘 보살펴드려야 한다."

"예, 어머님."

율곡이 대답했다.

"당신도 몸조심하구려. 내 무사히 일을 끝내고 돌아오리다."

그러나 이렇게 주고받은 말이 마지막이 될 줄을 아무도 몰랐다.

두 아들과 남편이 평안도로 출장을 떠난 며칠 뒤 사임당은 병석에 눕게 되었다.

병석의 사임당은 어머니를 생각했다. 강릉땅에서 홀로 외롭게 늙어가는 어머니를 생각하면 절로 눈물이 나왔다.

'그리운 고향 땅, 한 번만이라도 더 가볼 것을……'

그러나 하루하루 바쁜 생활을 하다 보니, 그렇게 되지가 않았다. 사임당은 붓을 들어 친정어머니에게 편지를 썼다. 그러나 웬일인지 도무지 정신 집중이 되지를 않았다. 자꾸만 눈물이 흘러내렸다.

뵙고 싶은 어머니께!

그동안 날씨도 고르지 못한데 기운 건강하신지요?

요즘따라 밤 꿈에 자주 어머니의 모습이 떠오릅니다.

하루 밥 세끼 진지는 꼭 챙겨 드시는지요?

이곳 한양 살림도 바빠 그곳 고향 땅, 어머님을 찾아뵐 엄두도 못 내고 있습니다.

언제든 시간 내어 꼭 한번 찾아뵙도록 하겠습니다.

부디 몸 건강히 편안한 삶 이루시길 간곡히 기원하겠습니다.

다시 뵈올 때까지 안녕히 계십시오.

부족한 딸, 사임당 올림

사임당은 친정어머니에게 편지를 쓰는 일을 끝내고, 그림이라도 한번 그려볼까 생각했다. 그러나 그림도 마음먹은 대로 그려지지가 않았다.

'내가 왜 이럴까?' 하고 사임당은 생각했다. 그러고는 그림 그리는 일을 그만두었다.

만일 이때 사임당이 그림을 그렸더라면, 이것이 사임당의 마지막 그림이 되었을 것이다.

집에 남은 자식들은 아무래도 어머니 병세가 심상치 않은 것을 깨닫고 안절부절못하였다. 전에도 가끔 병석에 누운 적은 있었으나, 이토록

심하지는 않았다.

"너무 걱정하지들 말거라. 며칠 푹 쉬면서 몸조리를 하면 일어날 수 있을 것이다."

그러나 사임당은 끝내 병석에서 일어나지 못했다.

"아무래도 내가 다시 일어나지 못할 것 같다."

마침내 사임당은 그토록 보고 싶어 했던 친정어머니와, 그토록 잊지 못했던 고향 땅, 더욱이 지방으로 출장을 떠난 남편과 두 아들을 보지도 못한 채 쓸쓸히 눈을 감았다.

그때 율곡과 맏아들 선은 아버지와 함께 평안남북도와 황해도인 관서지방의 공무를 마치고 한양으로 가는 배에 몸을 실었다. 세 부자가 탄 배가 해안선을 따라 남으로 내려와 한강 어귀에 닿기도 전에 사임당은 이 세상 사람이 아니었다.

그리고 율곡은 아버지와 함께 한양의 사강 나루터에서 어머니 사임당의 부음을 듣고 통곡했다.

율곡도, 이원수도, 맏아들 선도 몸부림쳤지만, 이미 큰 별이 떨어지고만 것이다. 마중 나온 하인으로부터 사임당의 부음 소식을 들은 세 부자는 그 자리에 털썩 주저앉아 애타게 통곡할 수만도 없어 집으로 발길을 재촉했다.

신사임당은 잠자는 듯 조용히 누운 채 아무런 말도 없었다.

가족들은 물론, 하인과 마을 사람들까지도 사임당의 죽음을 애통해

하였다.

　이때 율곡의 나이는 16세, 사임당은 아직도 한참을 살 나이인 48세
로 죽고 만 것이다.

우리의 영원한 어머니,
본받을 만한 여인상

율곡은 세상이 너무도 허무하게만 느껴졌다. 율곡에게 있어 어머니는 단순한 어머니가 아니라 삶의 지혜를 밝혀주는 스승이기도 했기 때문이다.

율곡은 어머니가 살아계실 때 못다 한 효도를 돌아가신 후에라도 다해, 부모님 은혜의 만 분의 일이라도 보답해야겠다고 마음속 깊이 생각하였다. 그래서 어머니의 산소 옆에 움막을 짓고, 3년 동안을 눈이 오나 비가 오나 아침저녁으로 상식을 올리고 묘소를 돌보았다.

3년 동안 슬픔 속에서 나날을 보내던 율곡은 마침내 어머님 행적을 글로 쓰기에 이르렀고, 친구들은 율곡의 효성이 지극한 데 감동되어 움막으로 그를 찾아와 때로는 위로하고 때로는 같이 슬퍼하기도 했다.

그러한 중에서도 친구 김계휘, 임제, 송익필 등은 잊지 않고 자주 찾아와, 다투어 좋은 서적을 선물하며 말했다.

"우리는 자네의 효성에 깊이 감탄하고 있네. 열심히 학문에 힘써 부디 훌륭한 사람이 되어주게."

"고맙네, 이렇게 나를 위로해주고 책까지 보내주니, 내 무엇으로 보답하겠나. 다만 열심히 공부에 힘써 학문을 갈고닦겠네."

율곡은 친구들의 우정에 뜨거운 마음으로 감사하며 말했다.

율곡은 3년의 움막 생활을 하는 동안, 책을 읽고 글을 지으며 인생 문제와 철학에 대하여 깊이 생각하게 되었다. 그러던 중, 마침 그곳을 지나던 스님을 만나 여러 가지 얘기를 주고받게 되었다.

율곡은 불교에 대한 얘기를 들으면서 외롭고 쓸쓸하던 마음이 조금씩 수그러져가는 것 같았다. 그리고 어머님의 영혼이 극락세계로 가셨다가 다시 인간으로 돌아오게 되면 얼마나 좋을까 하고 생각하였다.

사임당의 장남 이선은 어려서부터 학문을 좋아하여 여러 차례 과거에 응시했으나 뜻을 이루지 못하다가 41세에 진시에 입격하였다.

장녀 매창은 학식과 지혜와 인품이 출중했고, 시·서·화에 매우 뛰어나 어머니 사임당의 자질을 그대로 이어받았다.

율곡 이이는 학자이며 정치가로서 문묘에 배향될 정도로 조선의 성현이라 할 수 있다.

막내 옥산 이우는 여러 고을 군수를 지냈으며 마지막으로 군자감정을 지냈다. 그 역시 예술가적 자질이 출중하여 거문고·글씨·시·그림의 네 분야에 뛰어났다.

이들은 모두 사임당으로부터 철저한 교육을 받았으며 그녀의 예술적 소질과 재능을 계승한 자녀들이라고 할 수 있다.

겨레의 어머니 사임당은 갔으나, 그의 숨결은 예술로 승화되어 오늘에 이어지고 있다. 훌륭한 아내였으며, 인자하면서도 엄했던 어머니, 그리고 모든 여인에게 귀감이 될 여인상이었던 사임당의 일생은 너무 짧았다.

그러나 예술은 길었다. 천부적인 예술 재능을 보여주는 작품들이 오늘날까지 전해져 내려오고 있으니, 어찌 사임당의 일생이 짧다고만 할 수가 있을까? 풀과 벌레, 꽈리와 잠자리 등의 초충도, 사임당의 글씨가 겨레의 보물로 전해지고 있는 것이다.

특히 사임당의 가르침은 오늘에 이르기까지 그 깨우침을 더해주고 있는 것이다.

"사람이 자식을 낳고 가르치지 않으면, 짐승을 낳아놓은 것과 같다." 는 옛말이 있듯이, 사임당은 일곱 자녀의 어머니요, 스승이었다.

사임당은 특히 효의 정신을 몸소 실천했다.

"어머님은 항상, 강릉 북평 죽헌동에 홀로 계신 늙으신 외할머니를 생각하며 눈물 지으셨다."

율곡이 남긴 어머니 사임당의 회상기를 보면, 사임당은 비록 몸은 멀리 한양 땅에 있을지라도, 잠시도 북평의 친정어머니를 잊은 적이 없었음을 알 수 있다.

사임당이 북평 친정어머니를 생각하며 눈물을 흘릴 때마다 곁에서 그런 어머니를 지켜보는 자식들의 마음인들 어떠했을까. 효의 가르침을 몸소 실천하는 어머니에 대한 애정과 감동이 우러나왔다.

"내 부모를 먼저 섬겨라."

이 말은 공자의 말씀으로 사임당은 이 가르침을 몸소 실천했다. 때문에 율곡은 어머니 사임당을 본받아, 강릉을 떠날 때 외할머니에게 약속했던 대로 사임당이 세상을 떠난 후에도 외할머니에 대한 효성이 지극했다.

어머님 없이 누굴 믿으며

어머님 없이 누굴 의지하리

나가면 걱정이요

들어오면 몸 둘 곳 없도다

아버님이 나를 낳으시고

어머님이 나를 기르셨다

쓰다듬어 기르시고

키우시고 가꾸시며

돌보시고 안으시고

나며 들며 안아주시니

그 은덕을 갚을래도

저 하늘같이 아득하도다.

사임당이 즐겨 자식들에게 들려주던 시 구절이었다. 그러니까 율곡 형제들은 태어나면서부터 효의 근본을 터득하게 되었고, 이를 실천하기에 힘썼다.

율곡은 어머니 돌아가신 후, 후일 계모에게도 효성을 다했다.

사임당의 남편 이원수는 아내 신사임당이 죽기 전 미리 언약을 해두었음에도 불구하고 새장가를 들었다.

율곡의 계모는 성격이 매우 고약하고 괴팍스러운 여자였다. 평소 조금이라도 자기 기분이 언짢으면 뜰로 내려와서, 빈 항아리 속에 머리를 박고 통곡하기 일쑤였다.

빈 항아리에 머리를 박고 울면 빈 항아리가 울려 울음소리가 더욱 커져 온 동네로 퍼져 나갔다. 그렇게 되면 율곡 형제들은 무릎을 꿇고 앉아 용서를 빌었다.

또 걸핏하면 목을 매달아 자살이라도 하려는 듯 소동을 벌여 가족들을 놀라게 하기도 했다. 계모는 술도 퍽 좋아했다. 율곡은 아침마다 술상을 들고 가서 계모에게 손수 술을 따라 올렸다.

어머니 사임당과 계모는 이렇듯 너무도 달랐다. 계모는 아버지 이원수보다도 오래 살았다. 그러나 율곡은, 아버지가 세상을 떠난 후에도 계모를 극진히 모셨다. 사임당의 가르침이 이토록 율곡에게까지 이어진 것이다.

그 후 율곡이 세상을 떠나자 계모는 비로소 율곡의 효성을 깨닫고 율곡을 위해 스스로 3년 동안 소복을 입었다. 계모까지 감화시킨 것이다. 이 모든 것이 사임당의 가르침이 컸던 때문이었다.

그러므로 사임당은 한 집안의 며느리로서, 아내로서, 그리고 어머니로서의 역할을 해낸 조선 오백 년 역사상 가장 손꼽히는 여인이라 할 수 있겠다.

1504년 강원도 강릉 북평에서 태어나, 1551년 48세를 일기로 세상을 떠난 사임당은 덕수 이씨 가문의 선영인, 지금의 경기도 파주시 천현면 동문리 자운산 기슭에 묻혀 오늘에까지 우리의 가슴속에 살아 있는 것이다.

"형제는 한 몸과 같으니 서로 대하기를 너, 나 구별 없이 음식과 의복을 함께 나눠 가져야 할 것이다. 형이 배부르다 해도 아우가 배가 고프고, 형은 따뜻하고 아우는 차다면 이것은 한 몸 가운데 일부분은 병들고 일부분은 건강한 것이니 어찌 편할 수가 있으랴. 지금 사람들이 형제지간에 서로 사랑하지 않는 것은 부모를 사랑하지 않는 것과 같은 것이다."

율곡 형제들을 앉혀놓고 사임당이 가르치는 소리가 지금도 들리는 듯싶은 것은 사임당의 가르침이 오늘까지 살아 있다는 증거이기도 할 것이다.

이러한 사임당의 행적에 대해 후세 사람들도 극찬을 아끼지 않았다.

숙종 때의 학자이자 정치가인 권상하(權尙夏)는 〈제죽과어화첩(題竹瓜魚畵帖)〉에서, "아아, 율곡은 과연 백 대의 스승이라. 내 일찍 저 태산과 북두칠성처럼 우러러 받들더니, 이제 그 어머님의 필적을 보고 나매 그 경모(敬慕)되는 바가 과연 어떻다 할꼬."라고 찬탄했다.

그리고 사계 김장생의 후손인 김진규(金鎭圭)는 〈사임당초충도후(思任堂草蟲圖後)〉에서, "내가 들으니 부인은 시에도 밝고 예법에도 익숙하였다. 율곡의 어진 덕도 실상은 그 어머니의 태교로 된 것이다."라고 말했다.

이 밖에도 숙종 때 송상기(宋相琦)는 〈사임당화첩발(思任堂畵帖跋)〉에서, "부인의 정숙한 덕과 아름다운 행실은 지금까지 이야기하는 이들이 곤범(梱範)의 으뜸이라고 일컫거니와, 하물며 율곡을 아들로 둔 데에 있어서야. 선생은 백세의 사표(師表)이니 세상이 어찌 그분을 본받으면서 그 스승의 어버이를 공경하지 않을 수 있을 것이냐."라고 말하였다.

사임당은 효성 지극한 자식으로서의 도리를 다하였으며, 율곡 이이와 같은 대학자를 배출할 수 있었던 유교적 소양과 자질을 갖춘 조선시대

어머니의 표상이며, 또한 남편을 잘 섬기고 때로는 그를 인도했던 지혜로운 부덕(婦德)을 겸비한 인물이었다.

　그리고 시·서·화에도 각별한 재주가 있어 여성 예술가로서 당대뿐만 아니라 지금에도 높이 존경받는 여성이기에 과거와 현재 그리고 미래 여성상의 본보기가 될 것이다.

신사임당 연보

- **1504년**(연산군 10년)

10월 29일 강원도 강릉 북평 외가에서 평산 신씨 명화(命和)와 이씨 부인의 둘째 딸로 태어남. 이름은 인선, 호는 사임당(師任堂 · 思任堂) · 임사재(任師齋)

- **1506년**(중종 1년)

박원종 등, 왕을 폐하고 진성대군을 왕위에 올림(중종반정)

- **1510년**(중종 5년)

그림에 눈뜨기 시작, 안견의 산수화를 보고 영향을 받음. 유교의 경전에도 통하고 글씨, 문장에도 능하며 바느질, 자수에도 뛰어난 솜씨를 보임

- **1517년**(중종 12년)

사임당이란 호를 스스로 지음.《열국지》, 〈사기열전〉을 읽고 그 뜻을 깨우침. 안견의 산수화를 스승 삼아 홀로 그림 공부를 함. 주로 산수 · 포도 · 풀과 벌레 등을 그림

- **1519년**(중종 14년)

조광조 등에게 사약을 내림(기묘사화)

- 1521년(중종 16년)

외할머니가 세상을 뜸. 이 소식에 강릉으로 오던 아버지가 병을 얻어 위독해짐. 이때 어머니, 7일 기도를 드린 후 단지(斷指)를 하여 아버지의 병이 나음

- 1522년(중종 17년)

한양에 사는 이원수(李元秀)와 혼인한 후, 사임당은 친정에서 삶. 아버지가 세상을 떠남. 3년상을 치른 후, 시어머니께 신혼례를 올리기 위해 한양으로 올라감

- 1524년(중종 19년)

맏아들 선을 낳음

- 1525년(중종 20년)

상평창을 둠

- 1526년(중종 21년)

강릉으로 돌아옴

- 1527년(중종 22년)

최세진, 《훈몽자회》를 지어 올림

- 1529년(중종 24년)

맏딸 매창을 낳음. 훗날 매창은 시 · 그림 · 글씨 · 자수 · 학문에 뛰어나 '작은 사임당'으로 불림

- 1534년(중종 29년)

관복 의상의 제도를 고쳐 정함

- 1536년(중종 31년)

셋째 아들 율곡 이이를 낳음

- 1540년(중종 35년)

사임당, 몸져누움. 이때 율곡이 사당에 나아가 하루 종일 기도함

- 1541년(중종 36)

시댁으로 돌아가던 중 대관령 고개에서 친정어머니를 그린 시를 지음. 시댁의 살림살이를 꾸려나감

- 1542년(중종 37년)

4남 3녀 중 막내아들인 우를 낳음. 우는 글씨 · 거문고 · 시 · 그림에 능함. 친정어머니를 그리는 시를 씀. 명나라에서 들여온 책을 인쇄하기 시작

- 1545년(인종 1년)

윤임 등에게 사약을 내림(을사사화)

- 1548년(명종 3년)

율곡이 13세의 나이로 진사 초시 합격

- 1550년(명종 5년)

백운동 서원에 소수 서원의 편액을 내림. 남편 이원수가 수운판관에 오름

- 1551년(명종 6년)

5월 17일, 병으로 누운 지 2~3일 만에 홀연히 세상을 뜸. 평안도로 출장을 갔던 이원수와 맏아들 선, 율곡이 이날 사강에 도착하여 부음(訃音)을 들음

예술을 사랑한 신사임당

초판 1쇄 인쇄 2017년 1월 20일
초판 1쇄 발행 2017년 1월 25일

편저자 강석진
펴낸이 김의수
펴낸곳 레몬북스(제396-2011-000158호)

전화 070-8886-8767
팩스 031-955-1580
이메일 kus7777@hanmail.net
주소 (10881) 경기도 파주시 문발로 115 세종출판타운 404호

ISBN 979-11-85257-47-1(03910)

잘못 만들어진 책은 구입처에서 교환 가능합니다.